⊙ 本书出版获广州华商学院学术著作资助、广东省省级重大科研项目"媒介环境学视阈下的 AR 智能营销传播研究"（项目编号：2021ZDJS136）资助

游戏人类

元宇宙发展启示录

[韩]金相均（김상균） 著　　邢倩倩 译

暨南大学出版社
JINAN UNIVERSITY PRESS

中国·广州

图书在版编目（CIP）数据

游戏人类：元宇宙发展启示录/（韩）金相均著；邢倩倩译. —广州：暨南大学出版社，2023.10
书名原文：게임 인류
ISBN 978 - 7 - 5668 - 3747 - 9

Ⅰ. ①游… Ⅱ. ①金… ②邢… Ⅲ. ①家庭教育 Ⅳ. ①G78

中国国家版本馆 CIP 数据核字（2023）第 130426 号

广东省版权局著作权合同登记号　图字：19 - 2023 - 167 号

游戏人类：元宇宙发展启示录
YOUXI RENLEI：YUANYUZHOU FAZHAN QISHILU
著　者：（韩）金相均　译　者：邢倩倩
···

出　版　人：张晋升
统　　　筹：阳　翼　黄文科
责任编辑：高　婷　张馨予
责任校对：刘舜怡　陈慧妍
责任印制：周一丹　郑玉婷

出版发行：暨南大学出版社（511443）
电　　话：总编室（8620）37332601
　　　　　营销部（8620）37332680　37332681　37332682　37332683
传　　真：（8620）37332660（办公室）　37332684（营销部）
网　　址：http://www.jnupress.com
排　　版：广州尚文数码科技有限公司
印　　刷：广东广州日报传媒股份有限公司印务分公司
开　　本：787mm×1092mm　1/16
印　　张：14.25
字　　数：190 千
版　　次：2023 年 10 月第 1 版
印　　次：2023 年 10 月第 1 次
定　　价：59.80 元

（暨大版图书如有印装质量问题，请与出版社总编室联系调换）

序

我们正在进化成游戏人类

　　第一个使用"网络空间"或"赛博空间"（cyberspace）这个词的科幻作家威廉·吉布森（William Gibson）说："未来已经到来，只是没有得到广泛传播。"第四次工业革命正在进行中，世界正在向元宇宙发展。元宇宙即 Metaverse，是由意为"加工、抽象"的"Meta"和指代"现实世界"的"Universe"组合而成，意指三维虚拟世界。元宇宙是比虚拟现实更先进的概念，意为经济活动和社会活动的线上空间。

　　当变化以比看起来更快的速度发生、人们关注的不是未来而是当下的时候，我们才突然明白是谁掌握了元宇宙的主要平台和内容。在国外，这些平台运营者大部分是《堡垒之夜》《我的世界》以及 Roblox 等游戏的开发公司。看似毫不相关的产业通过游戏公司搭建的平台，生产出极具颠覆性的内容。但在韩国，这一趋势并不明显。我认为阻碍其发展的因素之一就是人们"不看好游戏公司"的态度。

　　网络空间的发展在经历了互联网和智能手机时代之后，来到了元宇宙时代。遗憾的是，韩国没能在互联网和智能手机时代拔得头筹。当今世界公司市值排名前几位的信息通信企业"GAFA"分别是指谷歌（Google）、苹果（Apple）、脸书（Facebook）和亚马逊（Amazon）。韩国没有一家企业可以被称为"互联网帝国"，这就是我说韩国"错过"

的原因。

苹果是20世纪70年代成立的公司，没有人将初创期的苹果称为互联网企业。苹果的市值总额是在2007年推出iPhone之后，开始呈现陡然上升趋势的。谷歌、亚马逊和脸书都是在互联网普及的20世纪90年代后期到21世纪初期成立的企业。当时，韩国专注于生产和销售组合式电脑。三星的主要业务则是生产智能手机的硬件。以制作并销售电脑作为主要业务方向，使得韩国在高附加价值的平台和文化信息领域未能崭露头角。因为已经错过了互联网和智能手机时代，所以韩国现在不能继续只埋头于硬件制造了，我们一定要努力赶上互联网领域掀起的第三次浪潮——元宇宙！

未来的人类将和人工智能相伴生活。从对待人工智能的态度就可以判断你是否做好了迎接那个时代的准备。年龄越小，越容易适应和接纳人工智能。与热衷于"现场观看"和"第一排观看"演出的一代不同，新生代即使不能到现场观看自己偶像的演出，但若能在虚拟空间中遇到偶像的虚拟形象，观看其演出并得到签名，他们也会感到享受与满足。经营者视人工智能为智能工人。这是因为在游戏中发展的技术，人工智能能够代替现实世界的劳动，经营者能以低廉的费用利用优质的劳动力。与之相反，工人们将人工智能视为竞争者，这是因为他们害怕自己的工作岗位被人工智能夺走。但害怕并不意味着大势就会改变。与其担心被劳动市场淘汰，不如做好准备，在人工智能无法替代的领域发挥能力。我确信这个舞台也将在互联网第三次浪潮中诞生的元宇宙里出现。

元宇宙的核心内容和平台借用了游戏的概念与技术。由于新生代经常玩游戏或熟悉游戏世界观，因此他们能够快速适应变化后的环境，并将人工智能视为朋友。虽然游戏在海外作为一种产业被承认，并得以迅速发展，但由于对游戏存有偏见，韩国国内还有很多人都不知道元宇宙是什么。因为担心我们会失去第三次机会，所以我心急如焚。因此，我想通过《游戏人类：元宇宙发展启示录》这本书来谈谈过去十多年的变化以及未来即将到来的变化。希望我们不要错过这个机会。

将人工智能视为新朋友的新生代，通过游戏体验了人工智能和元宇宙，且对其完全没有排斥感。如果你也想体验这一巨大的变化，但又不知道从哪开始，建议你先轻松地来一局游戏，在游戏中开始。

金相均

2021 年 3 月

目录

CONTENTS

01

欢迎来到 Play World

处于拐点的社会

第四次工业革命让人们走进了体验经济时代

当今的世界首富埃隆·马斯克（Elon Musk）是第四次工业革命的标志性人物。他创立了 PayPal 的前身——在线支付服务公司 X. com、民营航天公司 Space X，并投资了电动汽车公司特斯拉（Tesla），至今他仍在积极投资有前景的产业或中小企业。正如福特积极推行"以汽车替代马车，使之更为实用化、大众化"的理念一样，特斯拉在研发电动汽车以摆脱燃油车的领域中也处于行业前沿。而他目前最重视的公司——Space X，将向近地轨道发射卫星，为电动汽车的完全自动驾驶提供所需的通信功能和卫星互联网服务。

第四次工业革命的核心是构建一个万物互联、更加智能的社会。在这个社会中，人们可以共享通过物联网和区块链技术积累的大数据，并用人工智能（artificial intelligence）对此进行分析以建立可以复制的生产体系。如果说第一次工业革命以后工厂的大规模生产方式被标准化了，那么今后资源或流程也将被标准化和模块化。根据客户所需要的形式整合资源，创建更简易的顾客定制产品和服务系统将成为工业生产的

新标准。

从以原材料驱动的农业为主逐步向以商品驱动的工业为主，再到以服务驱动的服务业为主的经济结构转变，人们进入了体验经济时代。体验经济是指消费者不根据价格和质量决定购买，而是以整个购买过程中的体验和以这种体验为中心形成的经济形式来决定购买。现在是一个重视顾客购买产品时所感受到的心理满足感的时代。在顾客的体验过程中，企业将积极收集并利用顾客体验的经验，即大数据。对企业来说，现在已经到了仅靠销售难以生存的时代。

人工智能让服务更加个性化

虽然我们已经进入了体验经济时代，但企业似乎还没有准备好为顾客提供令人难忘的体验。快递业虽然是因为新冠肺炎疫情而得以迅速发展的非接触性①行业之一，但目前仍属于大宗物流系统。那么体验经济中的快递服务将会发生怎样的变化呢？答案是很有可能变得更加个性化。如果客户能够根据自己的日程指定接收包裹的地点和时间，那快递员将会直接把包裹送到顾客手中而不是放在家门口。由于快递员无法随意进入个人空间，因此今后可能会出现以无人机作为配送工具并结合人工智能配送货物的情景。根据顾客收到快递的反应不同，人工智能也将会给出不同的回应。

构建一个万物互联、更加智能的社会，需要更大的带宽②。在5G环境下，几乎所有软件都能实现无延迟运行。尽管如此，为了给个人提

---

① 韩国的快递员通常不会直接与收件人接触，而是将包裹放在收件人家门口。
② 带宽：指在单位时间（一般指的是1秒钟）内能传输的数据量。

供能留下深刻印象的多种体验，我们仍然需要比 5G 快数十倍的 6G。比如，要想构建 VR 和更加智能的社会，更大的带宽是必不可少的。佩戴 VR 设备观看 8K 分辨率视频时分不清是图像还是真实世界的这一场景，正在不久的将来等待着我们。亚马逊宣布投资 12 万亿韩元（约合人民币 612 亿元）发射 3 236 颗人造卫星的柯伊伯计划以及埃隆·马斯克宣布成立 Space X 后将发射 1.2 万颗人造卫星到近地轨道的计划都是基于 6G 的需要。

在游戏中体验未来社会

更多地关注个人体验是当今产业发展的重要趋势。令人惊讶的是，游戏一直是提供个性化体验最好的领域之一。但这并不是因为游戏产业事先领会了产业变革的发展趋势之后才开始战略性地提供相关的服务。

© Roblox. com

© minecraft. net

图 1-1　在游戏中建房子并招待朋友进行社交或通过参与特定经济活动来赚钱的 *Roblox* 和《我的世界》

游戏就像服务类商品一样，玩家们在其中积极活动并创造体验。例如：*Roblox* 和《我的世界》（*Minecraft*）（见图1-1）是玩家自己通过建立国家、建造房屋、邀请朋友或做交易来赚钱的游戏。也就是说，在游戏中是玩家自己主动地进入体验服务的新场景，并创造相关的新体验。洞察到"现在的孩子们"的游戏玩法的娱乐公司，推出了包括虚拟人物（virtual-being）在内的女团，还投资了全球3D虚拟化身模拟应用"Zepeto"。

现在的孩子们在玩游戏的过程中充满了冒险精神，他们主动学习如何与人工智能交流。现在的小学生未来将要生活的世界与现在的大不相同。一提到"人工智能"，老一辈人就会想到方形机器在自动运算的场景，而在游戏中与虚拟人物对话并能很好地融入虚拟生活的孩子们，则把人工智能当作新朋友。他们能够通过游戏自然而然地掌握与人工智能沟通的方法。让我们想象一下，如果拥有这些经历的孩子们，在工作中研究设计人工智能，世界将会有怎样的变化。他们不是通过学习来掌握知识，而是通过经验来掌握知识，因而现在的孩子们适应未来新环境的能力会很强。

特权阶层才有资格享受的高级趣味活动

图坦卡蒙陵墓中发现的游戏

法国巴黎卢浮宫博物馆展出了在古埃及国王图坦卡蒙陵墓中发现的游戏《塞内特》（Senet）（见图 1 - 2）。这是一种在刻有方格图案的长方形板上移动棋子的游戏，游戏的工具及方法让人联想到国际象棋。古埃及人认为，人死之后会在来世继续冒险。他们相信，只要通过所有危险的关卡，就会成为和太阳神一起乘船在天上旅行的神。《塞内特》中包含了古埃及人的这种世界观。

© Brooklyn Museum

图 1 - 2　古埃及国王喜欢的游戏《塞内特》

用动物骨头制作的《阿斯特拉加利》（*Astra Gali*）是一种用骰子玩的棋盘游戏。在没有"概率"概念的时代，通过投掷骰子等方法得出的数字会被人理解为是神的旨意。国王则是与神沟通的人，游戏是主要的沟通手段之一。人们认为玩游戏本身就是"神赋予人赢的运气"，相信游戏的获胜者会受到神的保护。

在公元前 3500 年左右的国王的坟墓中发现的游戏，可能是与宝石一起埋葬的贵重随葬品之一。在拉美西斯二世的王妃奈菲尔塔利的坟墓中发现了描绘国王在玩《塞内特》这一场景的壁画，由此可以推测游戏可能是国王喜欢的高级趣味活动。在技术发达的今天，我们能用机器来制作游戏道具。但在当时，游戏道具都是由顶尖的艺术家们心怀匠人精神制作出来的，因此十分珍贵。

"国王的游戏"传到亚洲

《塞内特》于公元前 3000 年左右传入罗马，之后传入土耳其，历经演变，逐渐成为土耳其的传统棋牌游戏《白盖曼》（*Backmmon*）（见图 1-3）。《白盖曼》是两人在棋盘上移动棋子的战略游戏，与朝鲜的象棋①相似。《塞内特》从埃及经罗马传入土耳其，之后通过天竺国（古印度）传到了中国南北朝。这就是两人轮流掷骰子，将棋子攻入对方内盘的中国传统游戏《双六》（亦称《双陆》）。最初，《双六》主要盛行于贵族阶层，但到了唐朝，就已经在平民阶层中普及。朝鲜的高丽时代

---

① 朝鲜象棋又名高丽象棋、韩国象棋，与中国象棋类似，相传由中国象棋演变而成，流行于朝鲜族中。

Brooklyn Museum

wikimedia © wneuheisel

图 1-3　从传到土耳其的《塞内特》发展而来的《白盖曼》

也有玩《双六》的记载，这个游戏大概是在朝鲜三国时代①传入的。朝鲜王朝著名的风俗画家申润福还留下了描绘儒生们因沉迷于《双六》而忘记酷暑的画作《双六三昧》（见图 1-4）。

图 1-4　《双六三昧》：描绘了忘记酷暑、沉迷"双六"的儒生形象

①　朝鲜三国时代是指在公元前 57 年到公元 668 年之间占据辽东和朝鲜半岛的三个国家高句丽、百济、新罗。

朝鲜历史记载的趣味游戏有《览胜图》和《胜卿图》（见图1-5）。《览胜图》是五六个人围坐在边长超过1米的正方形棋盘边一起玩的棋盘游戏。这是一款可以帮助玩家了解朝鲜时代旅游景点的游戏，棋盘上以汉阳为中心，布置了京畿道、忠清道、黄海道等全国八道。棋盘上的文字都是汉字，由此我们推测相较于普通百姓，识字的贵族家庭可能会更喜欢这个游戏。《胜卿图》是一个为熟悉朝鲜时代的众多官职种类和等级而设计的教育类桌游，在以朝鲜时代为背景的韩国古装剧中经常出现。由《胜卿图》衍生出来的游戏《闺门须知女行之图》（见图1-6）是仁显王后被废之后，在私家逗留期间为教育侄子们而设计的。这个游戏将女子的最高地位设计为"王的母亲"，最低的地位设计为"野兽"。这样的设计虽然让现代人感到不可思议，但对于我们理解当时的社会具有很重要的借鉴意义。

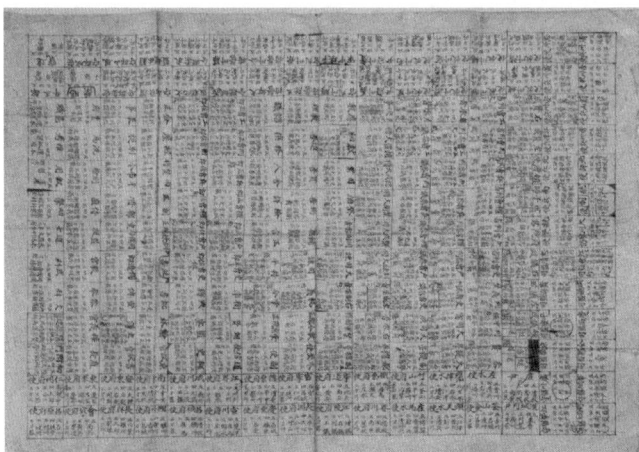

© 韩国国立美术馆

图1-5 《胜卿图》：为熟悉朝鲜时代众多官职种类和等级而设计的教育类棋盘游戏

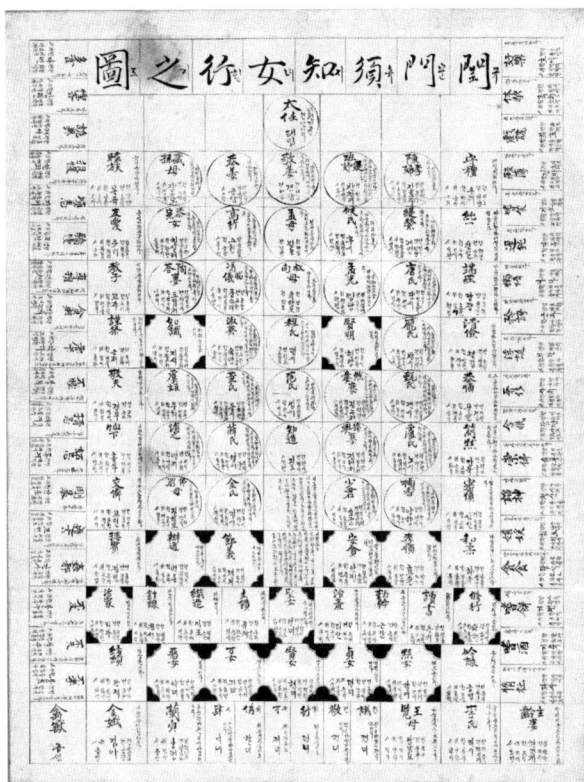

© 韩国国立中央博物馆

图 1-6 《闺门须知女行之图》：仁显王后在私家
逗留期间为教育侄子而设计的游戏

游戏就是权力的时代

游戏作为休闲的代表性象征，一直是有钱有闲的王公贵族的高级趣
味活动。拥有手工制作的游戏道具本身就是一种特权，平民们是无法悠
闲地享受这种没有任何生产效率的游戏的。平民也能享受大众化游戏是

11

从他们的生活变得轻松开始的。这是因为复杂的游戏道具逐渐简化，并且随着技术的发展，生产效率不断提高，平民们的闲暇时间也随之增加。

　　但平民在经历工业革命后再次远离了游戏。因为当时平民的目标只有一个，那就是投入资源和时间以达到更高的生产效率。在这个过程中，平民感受到的压力或应该追求的快乐被完全忽略。据悉，95.1%的上班族在工作生活中曾感到精疲力竭，只有7%的高中课堂上没有学生睡觉。作为可以在令人疲惫不堪的职场上和在昏昏欲睡的教室里，引导人们回到充满活力和快乐状态的手段——游戏，是时候被重新对待了。虽然游戏并不是唯一具备这一功能的手段，但其调节状态的效果是不容忽视的。

罪大恶极的游戏

在经济“成长”过程中地位最先下降的游戏

游戏出现在东西方不同文化圈的历史主要场景中，有时是衡量神的旨意的标尺，有时是萌生新知识的火种，有时还起到了指引社会生活方向的作用。在历史上，游戏为人类带来了快乐体验，也为人类掌握多元化的知识提供了工具，是人类成长的伙伴。荷兰历史和文化学者约翰·赫伊津哈（Johan Huizinga）对于游戏自身以及游戏在人类历史、文化和社会中的重要性进行了强调，并将现代人类定义为游戏人，即 Homo Ludens。

然而，时至今日，游戏是“王公贵族的高级趣味活动”这一最初的说法已经消失了，其地位也一落千丈。就像工业革命后西方文化圈对待游戏的态度发生了变化一样，韩国在迎来经济的快速增长之时，也开始把游戏当作无用之物。在摆脱了日本帝国主义的强行占领，经历了“6.25”战争之后，韩国经济近乎崩溃。自此，韩国进入了以经济发展为目标的时代，游戏的价值逐渐被人们忽视。人们从凌晨开始工作，一直持续到晚上才结束，下班后为了缓解压力，人们选择喝点高度酒。因为只有在一两个小时内快速醉倒后入睡，人们才能在第二天凌晨起床上班。欺骗大脑并不难，与其长时间费尽心机玩游戏寻找快乐，不如只靠酒和烟。

快乐不等同于快感。快感存在于神经末梢，是一种无须努力即可获取的感受。然而，快乐则需要人的主动行为的介入才可获得。人只需安静地躺着，摄入酒精，就可以感受到快感，但若对象换成电视节目，也要先理解了内容，才能产生快乐的感觉。将快乐和快感等同起来，放大了游戏的负面形象。也正是从那个时候开始，许多人产生了"只有没有上进心的、懒惰的人和不努力的人才会悠闲地玩游戏"的看法。因此，公司老板见不得职员们玩游戏，在公司工作到精疲力尽才下班的父母也见不得孩子们玩游戏，这种恶性循环一直在持续。不过，这样只顾着向前奔跑的人生就一定是正确的吗？

图1-7　从幼儿园小朋友到大人都喜欢玩的棋盘游戏《翻滚路易》（*Looping Louie*）

　　世界上有各种各样的游戏。有比纯情漫画更感性的温情游戏，也有比一流明星讲师上课效果更好的学习游戏。在欧洲，成人酒吧会提供名为《翻滚路易》的桌游。这是一款简单欢乐的动作游戏。游戏背景是一个名叫路易的飞行员在驾驶飞机翱翔天际的时候，不怀好意地盯上了周围四个农场中的肥嫩小鸡。四个玩家分别扮演农场的主人。其任务是要盯好不断旋转俯冲的飞机，在路易驾驶飞机俯冲下来的时候用弹板把他弹开，尽可能地保护自己的小鸡指示物不被击落。在飞机移动时，如果玩家所拥有的小鸡指示物掉落，玩家就会被淘汰。因为游戏规则简单，所以从小孩到上了年纪的老人都喜欢玩。而我们一提到酒桌游戏就会想起《酒楼魔佛》①。那么为什么在欧洲，人们会一边玩着孩子们都会玩的"幼稚"游戏一边喝着啤酒呢？这可能是文化差异造成的。在韩国，玩酒桌游戏的目的在于惩罚输的人，让他们多喝点酒，把他们灌醉；而对欧洲人来说，游戏是为了让大家愉快地喝酒；从这一点来看，双方对游戏的看法截然不同。

比游戏更刺激的言论

　　极端夸大游戏缺点的刺激性新闻报道也放大了游戏的负面形象。几年前曾有报道称"年轻爸爸在网吧玩游戏，放任孩子不管致其死亡"。仅从内容来看，这篇报道讲述了游戏上瘾者虐待儿童的恶劣事件。因此，这篇报道引爆了全国人民的愤怒情绪。过了一段时间，关于该事件的另一部分信息被披露出来。对于报道中的年轻爸爸来说，游戏并不是单纯的娱乐活动。原来，在没有像样的工作、家庭也不富裕的情况下，

---

① 《酒楼魔佛》是一款融合了饮酒与大富翁游戏的新游戏。

这位年轻的爸爸一直通过在线打游戏赚取积分以获得游戏道具，再把获得的游戏道具卖掉来维持生计。年轻爸爸通过打游戏赚到了奶粉钱和尿布钱，从他的立场来看，在网吧打游戏和上班是一样的。疯狂打游戏的爸爸并非不管孩子的死活，只顾自己消遣，他想通过打游戏来抚养孩子，但最终由于收入不足而发生了悲剧。这篇报道本应着眼于"通过打游戏获得道具并进行销售能否成为职业"和"尽管如此，放任孩子不管是错误的"，但疯狂追求点击率和流量的"标题党"媒体却掩盖了真相。

在众多新闻中，到第二天还能记忆犹新的新闻通常是标题最刺激的那一条。在没有准确掌握因果关系的情况下，将杀人、纵火、中毒、自杀、爆炸、暴力的原因与"打游戏的年轻人"联系起来，就会使游戏蒙上罪名。在网络新闻中，这一现象尤为突出。人们似乎更愿意点击自己喜欢的报道，并且大多数都是点击那些看完后让自己感觉十分良好的报道。这是一种看到与自己想法一致的报道后，产生的对自我正确进行验证的心理。你是不是也更愿意点击自己喜欢的歌手、电视剧，或者球队的相关报道呢？

人们点击的都是自己已经产生了兴趣的新闻而不是为了发现新事物，媒体对此也非常清楚。出于上述原因，韩国社会的老一辈并不喜欢游戏。因此媒体报道只有保持同样的论调，点击率才会提高。有关游戏的负面新闻泛滥也是这个原因造成的。

泄露秘密的现代竹林

玩暴力游戏会增加人的暴力性的新闻是真的吗？为了查明暴力和游戏的关联性，有记者曾查看了警察厅统计的近五年中极具暴力色彩的游戏销量较高年份的暴力犯罪率数据。然而，他们并没有发现暴力犯罪和暴力游戏有特别的关联性。美国 FBI 也做过类似的调查，结果也显示暴力游戏的销售率与青少年犯罪率之间没有任何关系。我反而认为个人的内在暴力性可以在游戏中被消耗掉。也就是说，在玩游戏的过程中，人的压力会得到缓解，从而抵消了在现实社会中散发的负能量。

大家可能听说过关于新罗景文大王的故事——《国王的耳朵是驴耳朵》①。故事大意是景文大王耳长如驴。平时因为把耳朵藏在王冠里，所以谁都不知道他的耳朵长，但唯独一人，即制作王冠的幞头匠是例外。一生为国王保守秘密的幞头匠，临死前在道林寺的竹林里高喊："国王的耳朵是驴耳朵！"此后，如果刮风，竹林就会传来他的声音，据《三国遗事》记载，景文大王不喜欢这个声音，就下令将竹子全部砍掉，并种上了山茱萸。就像幞头匠需要在竹林中喊出国王的秘密来释放压力一样，现代人也需要能够缓解压力的"竹林"。我相信在释放压力方面，游戏正在发挥其作用。

找到好游戏，聪明地消费

为了让优质的游戏像蒲公英孢子一样广泛传播并扎根，首先要引起大家对游戏相关问题的关注，并引发热烈的讨论。游戏文化财团每年都会通过"大韩民国游戏大奖"颁发"最佳游戏奖"。2020 年获得该奖的作品是 MazM 的《佩齐卡》。这是一款故事游戏，它讲述了 20 世纪初俄罗斯远东地区独立运动的故事。如果不确定是否可以让孩子玩这类好游戏，家长可以自行上韩国文化产业振兴院（KOCCA）的官方网站"kocca. kr"查看。

---

① 该故事记载于朝鲜古籍《三国遗事》第二卷。

© mazm. me

图 1-8 《佩齐卡》：讲述了俄罗斯远东地区独立运动的故事游戏①

　　世界上的好游戏比坏游戏多得多。只是由于资本力量的局限，没能通过我们日常接触到的地铁广告或门户网站、横幅等渠道进行宣传介绍，也因此未能广为人知。由此我们要运用智慧，寻找好的游戏，聪明地消费。

---

① 《佩齐卡》：2020 年 7 月 29 日由 MazM 公司推出的一款冒险游戏。与 MazM 以小说或童话为原型创作的其他作品不同，它讲述了实际的历史。

改变世界的游戏

玩的时候发挥创造力

史蒂夫·约翰逊（Steve Johnson）在《神奇乐园》（*Wonderland*）一书中讲述了游戏是如何创造现代世界的。从古代酒吧和中世纪的厨房到赌场与购物中心，人类一直在努力让自己和其他人开心，并且每次都能突破极限，实现创新。他认为，"玩游戏和追求快乐是人的天性，在玩游戏的过程中产生的创意对学术和产业产生了积极的影响"。对此，我表示赞同。

正是因为人类用创意改变了世界，世界才变得如此美好。那么人类在什么样的环境下可以更好地发挥创造力呢？有趣的是，这种环境不是集中精力工作的时候，而是玩得开心的时候。在玩耍的过程中，人们创造出了各种各样的乐趣。作为结果，这些乐趣可以是玩具或机器，也可以是原理或规则。

17世纪法国贵族安托万·贡博（Antoine Gombaud）是个游戏迷。他尤其喜欢玩纸牌游戏，经常因为沉迷游戏而忘记吃饭或约会。有时因为有紧急日程，他不得不中断游戏。因此，安托万·贡博对于中途停止

的游戏如何计算结果感到非常苦恼，为此他还委托数学家帕斯卡进行了一项关于点数分配问题（Problem of Points）的研究。帕斯卡与现代整数论的创始人、数学家费马交换书信，研究点数分配问题，在这个过程中他们建立了概率论的基础。

我在给学生讲安托万·贡博的故事的时候，有人会发出叹息的嘘声。他们认为正是因为安托万·贡博和帕斯卡发现了概率，自己的人生中增加了一个需要面对的"痛苦"。但如果没有概率，学生甚至不能来学校听课。很多学生乘坐公交车来学校，公交公司为以防万一购买了保险。如果没有保险，公交公司可能因无力支付事故赔偿金而倒闭。运营过程中要承担的风险太大，因此不仅是公交车，几乎所有的公共交通公司如果没有保险都无法运营。由此可见，保险的原理也是植根于概率论的。

劳埃德（LIOYD）是最早将概率概念应用于金融的公司。大航海时代都是用木制的大船装满东西长时间漂洋过海的，可见危险之大。想象一下船只在航行途中如果遇到海盗船或风浪，后果是十分可怕的。因此，船运公司会凑钱以备不测，比如，向遭遇不幸的船运公司进行资金援助，这就是保险的开端。早期由于概率的概念不明确，具体操作不是很精细，但劳埃德将这些粗糙的保护机制进行了系统梳理，并将其作为稳定的保险产品推出。同样，今天的股票、期货、期权、利率等概念也都源自概率。

罗马斗兽场的比赛非常激烈，角斗士在快速奔跑的马背上拿着真刀真枪进行格斗。因此为了尽量减少损失，规则是必要的。虽然是为了好玩才开始的事情，但为了分出胜负，整个过程要尽量公平，规则也是必需的。随着时间的推移，角斗规则变得愈加复杂细致。在制定游戏规则的过程中提出的想法就如同是管控当今社会的法律和规范。

如果希特勒禁止游戏会怎么样呢？至少法律和制度不会发展成现在

的样子。① *Frostpunk* 是一款生存游戏，在游戏中，玩家为了生存需要不断做出抉择。游戏内容是：由于未知的原因，地球将迎来冰河期，人们在极端环境下聚集在唯一运转的发电机周围，一起建设城市。玩家在游戏进行过程中需要不断做出抉择，而抉择的结果决定了其生存的可能性。玩家需要进行抉择的问题相当重大，如是否让孩子成为劳动力，是否为了城市的有效运营而在城市内部只聘请科学家，是否为了生存而抛弃发电机外部的人，等等。这是一款在虚拟世界中思考可能会发生的事情的游戏。假如地球出现冰河期，有玩过这款游戏的人和没有玩过这款游戏的人的表现肯定是有区别的。通过游戏预测可能发生的情况，一起思考制定行动规则的人们，应对灾难的能力会更强。

© 11bitstudios. com

图 1-9   *Frostpunk*：思考假想世界中可能会发生的事情的游戏

同样，如果人类历史上没有游戏，那么在制定规则和整理行为准则的工作中，人类可能比现在更加生疏。当然，人们的想象力也会受到限制。因为在游戏制作和玩游戏的过程中，人们会无限调动自己的想象力。

---

① 希特勒对于文化思想、娱乐、传媒等领域的控制是前所未有的，充斥着法西斯的专制精神，推行摧残科学文化事业的愚昧反动政策。

实现欲望的空间

使游戏持续进行的结构

不知从何时起，在把过度的工作和学习视为美德的社会中，休息和玩游戏会让人们产生罪恶感。过度的工作和学习是可以的，但为什么过度的休息和玩耍就成了问题呢？不少人将游戏定义为"孩子们不想学习才玩的东西"。这其中包含了一些价值判断，即游戏是与学习对立的、无用的东西，是孩子才喜欢的低级文化。这种心理的背后也包含了这样一种真相，即对自己不知道的东西感到恐惧，而排斥恐惧的对象是人的本能。还有不少人认为玩游戏的成人是懒惰懒散的。如果在这样的蔑视和鄙视下，人们还想玩游戏，那么原因很简单：游戏是人们实现欲望的空间。

游戏都有相似的结构。玩家进入游戏后会有任务，完成任务后便可得到积极的反馈。在收集反馈的过程中，随之而来的是分数上升或游戏币增加等奖励。如果玩家的游戏等级提高或者通过购买道具让角色成长，那么他们在游戏中的排名就会上升。在获得更高的等级和更好的道具之后，玩家会去寻找新的任务来获得更多的反馈和奖励。这种"完成任务—得到反馈—获得奖励"的三角结构几乎是所有游戏的基础。如果父母担心孩子不学习，只沉迷于游戏，那么父母就需要仔细观察游戏"完成任务—得到反馈—获得奖励"的结构了。

随心选择的游戏任务

游戏在给玩家布置任务时会设置多种选择。根据难易程度，玩家可以选择"Easy Mode（简易模式）"和"Hard Mode（困难模式）"，而且在游戏中并非一定要完成特定阶段的任务才会开启通往下一阶段的任务。游戏中强制性要完成的只有正式开始之前学习操作方法的教程。以汽车模拟游戏为例，一开始的任务非常简单，引导大家自然掌握方向盘、刹车、油门等的操作方法。游戏地图提示了山、海、城市等多种道路。若玩家选择了山路崎岖蜿蜒、驾驶难度大的地图，完成任务后玩家的实力会大幅增加；若玩家选择了海路平坦，景色宜人，驾驶起来容易的地图，完成任务后玩家的实力只有少许加成。

学习则是截然不同的。首先，对学生来说，面对学习任务，他们几乎没有可选择的余地。学生不能因为容易就只学语文，而放弃困难的数学。其次，在学习过程中学生只有完成第一个任务，才能进入第二个任务。最后，作为学生，他必须完成所有科目的所有章节中给出的所有学习任务，就算只是放弃一个困难的科目或困难的章节，学生就可能会因此而无法取得好成绩。这就是游戏和学习不同的决定性结构——学习是不能挑选任务的。

即时的鼓励反馈

游戏和学习给予反馈的方式也不同。还是假设你正在玩汽车模拟游戏。如果在驾驶过程中你感觉汽车马上要撞到墙上，画面上会出现提示危险的图像，并用温柔的声音提醒你转动方向盘，告诉你摆脱危机的方法。当你平稳地通过困难的路线时，你会立即得到令人振奋的反馈，比如"完美"或"你的驾驶水平真好"。同时，屏幕一侧的计分板上的数字也会迅速上升。游戏中所有的反馈都是即时的，会被玩家解读为"站在自己这边，为自己加油"，甚至会让人产生即使是负面反馈也包含着爱意的错觉。

© nexon. com

图 1－10　立即给予积极反馈的游戏《卡丁车》

　　然而学习是有很多负面反馈的。拿到数学考试成绩单，除了少数成绩较差的学生，大部分学生都会先数错题的个数，而不是答对了的题的个数。如果在 25 道题中答错了 5 道，每道 4 分，那就要从 100 分中减去 20 分。教师给学生的反馈也类似。对于考试结果，大部分教师不是称赞学生做得好的部分，而是指出学生做得不够或做得不好的部分。如果不是满分，学生就会得到负面反馈。学生从小学三年级到大学接受了12 年的英语教育，但遇到外国人还是会畏缩，造成这种现象的也是同样的原因。不得不说这是"满分英语"教育下的结果。事实上，只要是交流，无论我们如何使用时态，错用了不定式或动名词，外国人都不会在意。一定要达到完美是学习的负面反馈方式造成的强迫症症状之一。

及时肯定的奖励

　　最近问初中生和高中生"为什么学习"，大多数人都会回答"是被迫学习"。当被问及"除此之外还有什么理由吗？"他们的回答通常是"为了上好大学"或"为了有好工作"。他们把目标都放在了遥远的将来。他们要找"好工作"的时间至少在 5~10 年后。在学习过程中收到的负面反馈会使学生在学习的过程中受到影响，而学习的奖励却在遥远的未来，这样一来学习不可能有趣。此外，奖励也是以非常极端的方式呈现的，要么是合格要么就是不合格。10 多年来学生一直压抑着自己想玩耍的欲望，不知疲倦地学习，但如果无法考上目标中的好大学，就无法获得别人的称赞，那么完成下一个任务的意义自然也就消失了。在学习的过程中亦是如此，反馈是负面的，奖励也是在看不到的地方，因而解决下一个任务的欲望自然会下降。

令人惊讶的是，当被问及"孩子学习好吗"的时候，鲜有家长回答"是的"。因为在称赞孩子学得很好的瞬间，孩子的紧张感就会得到缓解，在这种情况下，父母可能会担心孩子之后不专注于学习，因而他们最大限度地减少了称赞。从第 8 名到第 5 名，再到第 1 名，父母一直都在说"还不够"。父母虽是好心，但这其中也存在问题。别忘了，一个人只有在其努力得到认可的时候才能发挥出更多的潜力。站在孩子的立场上，如果他比平时努力了很多，即使成绩只提高了一点，也希望得到称赞。"我知道你比上次进步了很多""努力是不会白费的""虽然比起努力，结果有些可惜，但对以后的成绩一定会有帮助的"。赞美孩子的学习过程而非结果是非常重要的。当然，要表扬孩子的学习过程，就必须对孩子有足够的关心。

赞美使孩子跳舞

在教育学上，关注并称赞过程而非结果的行为被称为"微反馈"。有一款教师应用是基于如何向大量学生公平地进行微反馈这一问题制作的。这个应用是一个数字签到簿，屏幕上像游戏一样标示着学生（玩家）的化身和名字，反馈次数会自动计数。平时上课消极的学生如果积极参与，教师会给予表扬，反馈的分数也会增加。点击得分，还可以查看学生在什么时候、什么情况下获得了表扬。程序借用游戏的结构，给予学生即时的反馈和奖励。该系统在美国开发后，起初在小学使用，随着适用范围的扩大，现在某些大学也在使用。我主要使用 Class 123 App，并强烈推荐给了我的同事。学生下载了 App 可以查看自己的分数。但数字签到簿并不完美，因为大家看到的反馈是通过数字的形式在画面中呈现出来的，如果使用不当反而会加剧竞争。

在 Class 123 App 上，还有同班学生共同"集赞"的功能。该应用分为教师版、学生版、家长版，可以把教师—学生—家长联系起来。每当学生受到表扬，父母的 App 就会收到表扬提醒。在此基础上，家长可以在孩子放学回家时，围绕大家共同关心的问题进行交流。例如，在学校里老师问了哪些问题，得到了"这个问题很酷"的称赞，然后继续对话。App 内也有在学生专注度下降时给予负面反馈的功能，但最好少用。虽然得到两次称赞会让学生很开心，但是受到两次责备可能会让学生更讨厌学习。当然，大学不会劝告家长使用 Class 123 App，但与父母分开生活的学生为了好玩而帮父母安装这款应用的情况也是存在的。

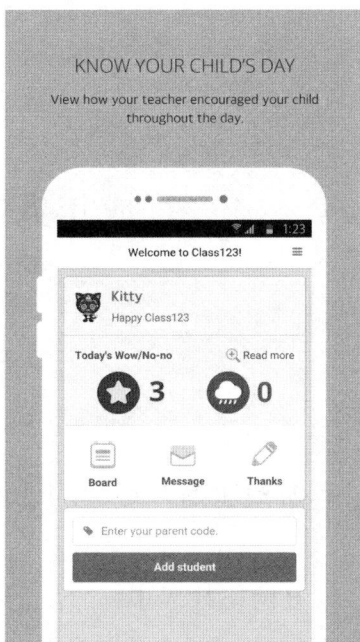

© Google Play

图 1 – 11　Class 123：借用虚拟形象、反馈、奖励等游戏特点的教育类 App

父母那一辈是在极少得到学习好的称赞的环境中长大的。由于他们根据自己的经验对待孩子，因此往往不是用正面的反馈给予孩子奖励，而是用负面的反馈逼迫孩子完成更多的任务。如果孩子对学习不感兴趣，只想玩游戏，父母不要只责怪无辜的游戏，有必要反省一下自己的教育方式。微反馈工具具有确保游戏持续进行的"完成任务—得到反馈—获得奖励"结构，如果在日常生活中好好利用这一点，就可以让孩子像玩游戏一样对学习产生兴趣。

成年人的仙境在游戏里

游戏室是升级版的现代洞穴

在网络社区中，"已婚男性获取游戏机（PlayStation）大法"或"已婚男性成功创建游戏室的秘诀"就像传说一样流传着。他们是如何做到的呢？因为他们深谙获得原谅比被人理解更容易，所以他们先把游戏机提前安装好，放在小房间里，然后像蚂蚁搬家一样把小房间里的东西一点一点地转移到其他房间。即便会遭受种种逼迫和蔑视，但人们，尤其是男人们，为什么在成年后仍然戒不掉游戏呢？这可能与本能有关。

从原始时代开始，男人们就在条件恶劣的狩猎场上打猎谋生，打猎结束后他们会回到家中，在洞穴内休息。休息结束之后，他们在洞穴里会裹着动物的皮毛与孩子们玩角色扮演游戏，教他们如何打猎。这种原始人的生活状态也被洞穴壁画描绘和保留了下来。如果你想知道为什么男人成年后还对游戏痴迷，就需要关注"狩猎""洞穴"和"游戏"。洞穴与外界隔绝，是一个安全"魔力圈"。无论何时，游戏都是在没有敌人威胁的安全魔力圈内进行的，游戏的魔力圈中采用了与现实世界不同的规则。本身没有任何意义的翻板子游戏，如尤茨游戏①的魔力圈，同样也有游戏所具备的规则。这些魔力圈过去常被建造在洞穴的最深处，因为它们在与现实世界分离的同时，也需要现实的安全保障。这就是"洞穴理论"。现代人想要拥有属于自己的汽车或自己独享的游戏室的需求，可以看作洞穴理论的现代补充。

　　现在与原始时代不同，男人和女人都会外出工作，共同分担育儿和家务事宜，居住形式通常是父母与子女分开居住，而且如果不是非常宽敞的房子，很少有单独的妈妈房间或爸爸房间。但是即使在这样的环境下，男人对于建造专属于自己的洞穴的需求仍比女人更强烈，这可能是因为原始时代的经验仍然是其本能。

幸福人类的条件，探索—沟通—成就

　　游戏的基本结构——"完成任务—得到反馈—获得奖励"对成年人同样起作用。只不过在反馈和奖励的方式上有一些区别。在脑科学层面，人的大脑虽然渴望支配神经系统—处理刺激信息—实现内部平衡，而在讲故事层面，完成探索—沟通—成就的过程对大脑更有吸引力。假设人生是一个完成故事的过程，人们渴望自己的人生旅程中出现新东西，而发现新事物就是探索。人们还需要一起创造人生故事的朋友。这也是人们需要与其他人见面沟通的原因。在发现新事物和与他人沟通的过程中，人类实现了成长。因此，无论是能力提升还是社会认可，人类在这个过程中都能获得成就感。

――――――――――

① 　尤茨游戏是朝鲜人民每逢节日的娱乐活动之一，根据丢掷 4 块短木得到的分数走棋。

　　探索—沟通—成就，这三个方面是人们最需要的。在社会生活中，如果能同时满足这三方面的需求，是非常理想的状态，但很多人在现实生活中却感到难以满足。比如我想一边探索体育，一边和别人沟通，但到了公司，老板会要求我探索他所喜欢的东西。这种压力越大，你就越想在下班后回到家，找到洞穴，在那里实现自己真正想要的探索—沟通—成就的全过程。

社会认同和归属感就是成年人的成就感

　　在完成探索—沟通—成就的过程中，成年人缺失最严重的要素是"成就"。就像学生会因为考试结果得到负面反馈一样，成年人也会从公司得到很多的负面反馈。职员提交报告书后，比起被称赞做得好的反馈，更多得到的是报告书需要修改的反馈。评价周期也过长。很多公司通常每季度做一次评估，在等待评估的时候，人们会好奇自己到底做得好不好。在面对不可知的预测时，人们有时会很焦虑。他们不知道是该往前走还是往后走。如果这种不安能通过玩游戏来消除，那就算是万幸了。最近好多人在 SNS（social networking service），即社交网络服务上毫无保留地表达不安、不满的情绪，这部分人的行为在一定程度上可能会成为企业的风险。

　　有的公司为了防止这种情况发生，会自建社交平台并运营。但很少有人在公司内部的网络社区里如实地发文表达心声。即使在公司内部网络中可以匿名，用户也会自行检查，以应对可能发生的内部稽查。并且很少有人会在上面写下真实的想法。在培训这些职场人士的时候，我问过他们："既然自己的私人社交平台账号都能运营得那么活跃，为什么不积极利用公司内部提供的平台呢？"他们反问道："那么到底是出于什么想法会让我的上司添加我的私人社交账号好友呢?"看来是我的问题问错了。我应该先思考人们在社交平台上发文的原因。在公司提供的平台上,同样的留言得不到什么回应,而在私人的社交平台上,点赞或留言表示心意的情况要多得多。看着点赞数和评论数,人们会产生"我帮到了别人"的成就感。

企业有时会对自己的职员产生很大的误解。职场成就并不一定局限于级别或薪资。人们真正需要的是社会认同和归属感,这也属于成就感的范畴。

我曾经为韩国某大型企业设计内部社区平台,就像大多数企业社区平台一样,为了鼓励用户积极参与,他们向职员大量分发比萨和咖啡优惠券。我当时首先要求他们收回优惠券。年薪超过 1 亿韩元的高管们,会因为几张咖啡券就发帖子求点赞吗?要想激活内部社区平台,满足个人在其中的社会认同需求至关重要。

20 世纪 90 年代出生的被叫作"现在的孩子"的人们,即使没有要跳槽的想法,也会不断修改简历,将其投递给其他公司。若他们收到其他公司发出的"简历合格通知"就会很开心,那就是他们的成就感。由于公司季度评价的周期太长,职员衡量自己定位的标准模糊,加之上司对自己的称赞极为刻薄,因此他们将视线转向能客观评价自己的外部。这是一个可悲的现实。

如果你是企业管理者,希望你能仔细研究内部的表扬和奖励机制是否到位。企业在录用新员工时,会希望他们能长久工作,直到成长为高管。但很少有企业能给出从新员工到高管的具体成长路径。这并不是指职员—代理—科长—次长—部长等级别的上升过程。而是每个级别的职员都需要上司明确告知在这一级别的工作期间需要在公司经历什么、取得怎样的成绩,才能成长为怎样的人。然而现实是,极少有公司会在考

虑通过创新提供新的客户体验的同时，还考虑在工作中应该给员工带来怎样的体验。企业只有知道职员想要什么，才能给予相应的表扬，从而给予他们成就感。

成年人之所以会通过寻找"仙境"进入游戏，也可以从这种匮乏中找到原因。职场工作是组织要求完成的任务，即使有探索—沟通—成就这三个要素，大多也不是员工自己的选择。如果加上"义务"，让人将其当成"我的任务"完全认同，这很难做到。很多时候，工作是因为上司要求做，员工为了拿到薪酬才不得不做。相反，游戏中"仙境"的所有探索—沟通—成就的性质虽略有不同，但玩家有选择任务的自由，在这个过程中玩家能够产生更多的共鸣，也会产生"这是我的任务"的获得感。

如果说游戏成瘾是一种病

因为你是个游戏狂，所以你是免服兵役的

人类可以对一切上瘾，对游戏也不例外。但对于游戏成瘾是否应被视为精神疾病，人们也持有不同的意见。因为人们并不是把所有的上瘾行为都视作需要治疗的疾病。在 2025 年之前，游戏成瘾不适用于韩国标准疾病死因分类，但 2018 年 WHO（世界卫生组织）通过修订 ICD - 11（《国际疾病分类》第 11 版草案），游戏成瘾被添加到疾病目录中。疾病名称是 "gaming disorder" 或 "digital gaming disorder"，即 "游戏障碍"。有趣的是，这种疾病仅限于数字游戏和电子游戏。棋类游戏不是 "disorder"。每个国家对 ICD - 11 的看法都不同，韩国是计划率先接受的国家之一。而欧洲和美国对此则较为谨慎。因为如果游戏成瘾被指定了疾病代码并被定性为一种疾病，就会产生较大的负面影响。对此，韩国文化体育观光部和保健福利部之间也存在截然不同的意见。文化体育观光部持反对意见，而保健福利部则表示绝对的赞成。

当游戏成瘾被指定了疾病代码时，我们有必要预测一下社会上会出现什么现象。一旦游戏成瘾被指定为疾病代码，游戏成瘾者就会被认定患有精神类疾病，医生将会对其进行精神科药物治疗、行为治疗及提供

咨询，严重者还需住院治疗。那么该疾病主要患者的年龄是怎样分布的呢？也许青少年要比成年人多得多。假设父母带孩子去医院检查是否成瘾，那么应该是小学生人数最多，接下来依次是初中生、高中生。

如果孩子因游戏成瘾被确诊为精神病患者，那么社会会出现什么问题呢？这个孩子可能一不小心就会被社会打上精神病的烙印。根据个人信息保护法，诊疗信息应该严格保密，但如果不慎被泄露，那他的校园生活还能保持平静吗？即使是轻微上瘾，如果有接受治疗的记录，也可能会被社会打上精神病的烙印，并可能会持续经历社会的排斥和淘汰。即使是已经步入社会的成年人，如果不能得到痊愈的诊断证明，也会受到影响。这样一来，国家也将面临大问题。

按照韩国现行的法律，如果男性被诊断为抑郁症、恐慌障碍等，将根据症状轻重免除兵役。那么游戏成瘾者该怎么办呢？其他工作也会出现类似的情况。上班族可能会因为游戏成瘾收到精神病诊断书，从而可以请病假或休假。如果你无法想象这些场景，可以把"游戏上瘾"改成"酒精上瘾"，这样就很容易理解了。因此指定疾病代码绝对不是一个简单的问题。

模糊的游戏成瘾标准

游戏成瘾是一个全球性的话题，但国外对 ICD－11 的看法与韩国存在分歧。他们相比于断定游戏成瘾是问题，更倾向于把游戏成瘾可能会成为问题进行研究。美国佛罗里达的史丹森大学（Stetson University）教授克里斯托弗·弗格森（Christopher Ferguson）把游戏成瘾疾病代码指定的判断标准的模糊度比作判断辣酱成瘾。即如果有人在比萨上撒过多的辣酱，是否应该测量其辣酱的使用量，继而将其定性为辣酱上瘾，并将其送进精神病院呢？玩电子游戏持续几个小时以上才算成瘾，是否要按游戏类型划分相应的标准，成瘾会导致什么问题等标准非常模糊。

国外对游戏的看法与我们有些不同。我们国家把休闲视为罪恶，在休闲的时候人们更倾向于把玩游戏视作游手好闲。大家认为优雅地积累知识或在运动中保持健康才是更好的休闲活动。这种认知似乎在对ICD – 11 的看法上体现出了差异。

随着年龄的增长，人对新事物的接受度会下降。对于成长于把游戏视为罪恶的时代、以模范生的标准为准则生活的老一辈来说，游戏是其不了解的新世界，也是其不愿意接受的价值。假设到目前为止人们一直满足于 A 世界，但如果突然出现比 A 更大、更美丽的 B 世界，好奇心强的孩子可能会去这个新世界探险，但大人们不愿意承认这个新世界更美好。而忽视 B 世界的方法就是认为其价值很低，上一辈人看待游戏的眼光就是如此。

作为一位四十多岁的韩国大学教授，很多人跟我说"去打高尔夫吧"。但我不喜欢打高尔夫。往返高尔夫球场会浪费好多时间，在我看来费用也比较昂贵。因此我常回复那些高尔夫爱好者说："我打算玩游戏。"一开始，大多数人都很惊讶。他们会反问我："打高尔夫更好吧，为什么要玩孩子才玩的游戏？"这句话体现出他们认为高尔夫是社交聚会，而游戏是幼稚活动。现在那些从小玩游戏长大的二十多岁年轻人到了我的年龄，他们的认识也会发生变化吗？

我曾经想过，讨论指定游戏成瘾疾病代码的人们到底会多久玩一次游戏。平均来说，他们最近三五年的闲暇时间更多地用在了高尔夫上还是游戏上？如果每个周末都去高尔夫球场，下班后去室内高尔夫练习场，一有空就在 YouTube 上看高尔夫视频，这难道不是上瘾吗？那么高尔夫上瘾是否应该被指定疾病代码呢？游戏成瘾的判断标准依然模糊。因此，对于游戏成瘾的判断标准，我们必须持续进行能够包容各方意见、更健康的讨论。

赌博与游戏不同

一辈子只玩游戏 VS 除了游戏其他都玩

平衡游戏①一度非常流行。"零花钱 100 万的无业游民 VS 月薪 400 万的上班族""一辈子头痛 VS 一辈子牙痛""生鱼片蘸番茄酱吃 VS 炸薯条蘸醋吃"等，这是一个在无法满足欲望的选择题中，不得不做选择的游戏。如果问题是"在闲暇时间一辈子只玩游戏 VS 在闲暇时间除了游戏其他都玩"，你会怎样选择呢？如果是为了好玩，我可以随便选择，但如果选择马上变成现实，这个问题就太暴力了。

把所有的业余时间都花在打游戏上，无论是孩子还是大人都会出问题。如果你玩了一段时间的游戏，那么剩下的时间你应该努力和家人或朋友待在一起。因为一不小心就会游戏上瘾。上瘾不是特定人群的症状。长时间进行一种行为，那就是上瘾。上瘾是危险的，因为除了自己专注的东西之外，你看不到任何其他的东西。一开始玩一两个小时，如果时长逐渐增加，那么这个人的生活里慢慢地就只剩下游戏了。若生活

---

① 平衡游戏（balance game）是在韩国流行的一个二选一的游戏。

中只有游戏，一旦游戏消失了，人的生活将会被彻底打破。赌徒的生活就是这样。刚开始是在度假时的赌场里接触到了游戏，然而一旦上瘾，不要说周末了，就是向公司撒谎请假也要去赌场。如果症状加重，他就会把全身心投入赌博中。几乎所有的上瘾行为都会经历类似的过程。

游戏的目的是快乐，赌博的目的是胜利

游戏和赌博是不同的。游戏的目的是好玩和快乐，而赌博的目的是金钱和胜利。我之前和学生做过一个简单的测试：在玩韩国最畅销的棋牌游戏《布鲁玛布尔》（Blue Marble）时，我们用现金代替了游戏币。一用现金，游戏气氛就立马变得冷酷起来，与赌局没什么区别。相反的实验也做过。打花图①的时候我们不赌钱，而是用打手腕作为惩罚的手段，因而也就没有出现电影《老千》中的那种氛围。这不是道具的问题，而是人们参与的目的不同，这些游戏可以是游戏也可以是赌博。

虽然刚开始只是为了好玩才玩游戏，但也有为了寻找刺激而演变成赌博的情况。有一种情感是人类想要通过游戏获得的，这就是想体验某件事。以体育彩票为例，有些人一开始是以单纯的想法开始的，然后逐渐追求刺激的东西。最好的刺激就是金钱。想赚钱，但体育彩票对可投注的钱和次数有限制，因此有些人就转到了私人赌场。即使知道这是违法的，但如果能长期处于这种刺激的状态，即便是禁忌也会让人觉得更兴奋。人们想多赚点钱，但正规渠道限制多，因此就去找有更多机会的地方。虽然私人赌场没有监管，但也没有安全机制。

---

① 花图：也叫韩国花牌（英文名 go stop），源自日本传统卡牌游戏日本花札（英文名 koi koi），19 世纪从日本传入韩国，迅速流传开来，受到普通大众的追捧，成为至今在韩国最火的娱乐游戏，堪称韩国的"麻将"。

游戏带来的 20 种情感

人类为什么要追求如此刺激的东西呢？这是因为人类能感受到 20 种有趣的情感。赌博就是竞争，就是抢走别人的财产，这与 20 种情感中的"完成"有关。但赌博的过程并不会让对方产生"同伴意识"，也不会让对方产生成长的"养育"情感以及通过新故事产生"幻想"等。

而游戏不一样。在《集合啦！动物森友会》中，人们在互相摘对方家里种的水果的过程中感受到了"同伴意识"，在呵护树木的过程中也感受到了"养育"的情感。看着新动物会产生"奇幻"般的情感，也会在海边"休息"以缓解压力。与能够体验有限感情的赌博不同，游戏可以体验多种感情。当然，也有制作游戏的人只看重销售额，在人类能够感受到的各种情感中只留下刺激性的感受，制作出像赌博一样带来刺激体验的游戏。

通过游戏，用户可以感受到的 20 种情感：

①魅惑：使人忘记时间、沉浸其中的魅力。

②挑战：磨砺新技术。

③竞争：与其他玩家、NPC①、自己竞争。

---

① NPC：Non-Player Character，游戏中玩家无法直接操控的角色，是为玩家提供任务等多种内容的帮手角色。

④完成：任务结束。

⑤控制：用自己的力量、技术完全控制游戏。

⑥发现：发现新的地方、解决方案、物品。

⑦情欲：与异性交往。

⑧探险：探索与调查世界、环境、谜题。

⑨自我表现：表现自己，创造自己的东西。

⑩奇幻：拥有与现实不同的故事、世界、角色。

⑪同伴意识：与其他玩家、NPC 建立的亲密关系和友谊。

⑫养育：照顾和培养不同玩家、NPC。

⑬休息：无压力的安静环境。

⑭施虐：用自己的力量欺负其他玩家、NPC 的情形。

⑮感觉：五感的乐趣。

⑯模拟：在游戏中再现现实的场景。

⑰颠覆：社会角色和规则的破坏。

⑱苦难：愤怒、烦躁、无聊、压力、失望。

⑲共情：与其他玩家分享 NPC 的幸福和悲伤。

⑳战栗：遇到危险情况以及体验危险的恐惧感。

经常有人问我："为了研究一款游戏，玩久了会不会上瘾？"我的答案一直都是"不会"！我有时会在一款非常有趣的新游戏发布后不久，每天玩三四个小时，但多数情况下就只玩一两个小时。我曾经思考过我玩游戏的习惯，为什么如此喜欢玩游戏却只玩这么短的时间。这是因为除了游戏，我还有很多事情想做。我处于一个可以做自己想做的事情的环境，因此也没有必要用游戏来满足我各种各样的需求。虽然可以用游戏来充实成就感，但用其他的兴趣和工作来充实生活会更有趣。若是自我需求满足、关注对象分散，人就不会只执着于某一种东西。如果

担心上瘾，建议大家除了游戏这个洞穴之外，还要多建一些需要来填充
的洞穴。

© ninten. cn

图 1-12 《集合啦！动物森友会》：玩家能够获得多种情感体验的一款游戏

　　有人可能会好奇，都说游戏没有成瘾性，为什么我的孩子和丈夫陷入游戏中不能自拔呢？正如前文所说，人类在玩游戏的过程中会产生奇幻、探险、发现和自我表达等情感。赌博之所以容易上瘾，是因为它是以金钱和运气为目的进行的。而一些不好的游戏却把赌博刺激性的特性隐藏在了游戏里面。这是让玩家更加沉迷于游戏的恶劣设计。因为藏得很巧妙，玩家也很难察觉自己上瘾了。带有赌博性质的游戏不再是游戏，更像是伪装成游戏的赌博。因此我们需要一双慧眼来区分游戏和披着游戏外衣的赌博。

附录

游戏的类型

虽然人们经常把玩和游戏混为一谈，但在学术上还是有区别的。大多数游戏都有输赢，但玩没有输赢。玩"过家家"的时候，妈妈叫我吃晚饭的那一刻，游戏就结束了。相反，游戏有明确的结局。这就是玩和游戏的根本性差异。

游戏根据物理构成形态、进行方式、使用的工具等可以分为体育运动、棋牌游戏、电子游戏和商业游戏。历史上最早出现的是体育运动，其次是棋牌游戏。之后借鉴了体育运动和棋牌游戏要素的电子游戏和商业游戏诞生了。体育运动是指伴有物理动作或操作的运动，如田径、球类运动、冰上运动、自行车、马术等。棋牌游戏是指用棋盘和骰子、棋子、仿制货币等多种工具，按照既定规则在桌面上进行的游戏。象棋、国际象棋、纸牌游戏等都属于这一领域。电子游戏是指利用软件和硬件进行的游戏。电视游戏、PC 单机游戏、网络游戏、网页游戏、App 游戏等都属于电子游戏。

电视游戏：在连接电视的控制台式装置（游戏机）上装入游戏，

通过媒体进行游戏的一种游戏形态。Xbox 、PlayStation、Wii 等都是经典的电视游戏机。

PC 单机游戏：无须连接网络，在电脑上可单机玩的游戏。在某些情况下，会采用左右分键盘的形式等方式进行比赛，这使得参与人数可以超过 2 人。

网络游戏：在电脑上安装独立的电脑端游戏程序，通过互联网连接提供游戏服务的服务器进行的游戏。网络游戏的代表性类型是 MMORPG [①]，玩家通过游戏服务器可以连接全球多个玩家，与其同时竞争，协同进行游戏。

网页游戏：不安装独立的电脑端游戏程序，通过网页浏览器进行的游戏。它的优点是不会受到电脑配置优劣的影响即可轻松操作。20 世纪 90 年代流行的基于文本的 MUD 游戏[②]，在电脑通信用浏览器内无需单独安装就能启动，与网页游戏类似。

App 游戏：在智能手机、平板电脑等便携式 IT 设备上通过应用市场下载的游戏。有像网络游戏一样经由服务器与多个玩家连接在一起玩的模式，也有单独玩的模式。与网络游戏相比，App 游戏的复杂性相对较低。

根据游戏的结构和进行方式，电子游戏分为动作游戏（action game）、冒险游戏（adventure game）、模拟游戏（simulation game）、角

---

① MMORPG 的英文全称是 Massive Multiplayer Online Role-Playing Game。这是一种电子角色扮演游戏，玩家可以在虚拟世界中创建自己的角色，并与成千上万的其他玩家共同参与游戏世界中的冒险、任务和互动。

② MUD 指多人地下城（Multi-User Dungeon），它是早期的一种多人在线文字角色扮演游戏。MUD 的游戏界面主要基于文字描述，玩家通过键入指令来执行各种动作，如移动、攻击、与 NPC 或其他玩家对话等。

色扮演游戏（role playing game）、策略游戏（strategy game）等。

动作游戏是由玩家的动作敏捷性来决定胜负的游戏，包括格斗游戏、弹球、射击游戏等。第一人称视角的射击游戏《绝地求生》就是动作游戏。

冒险游戏是探索并解开谜题的游戏。

模拟游戏会模拟再现真实的或虚构的场景。游戏《模拟城市》（SimCity）是一款玩家利用有限的资源建设和运营城市的游戏。如果模拟游戏极端地模拟现实，就可以像英伟达的Ominiverse一样，以模拟设计或管理现实中的工厂为目的。实际上，《模拟城市》和《过山车大亨》（Rollercoaster Tycoon）在学校的经营管理专业和城市工程管理专业的课程中也经常被拿来举例。

角色扮演游戏是在具有独创性世界观的游戏中，玩家根据故事情节执行任务，提高能力值，不断成长的游戏。《最终幻想》（Final Fantasy）系列就是典型的角色扮演游戏。在角色扮演游戏中，像《天堂》（Lineage）系列或《魔兽世界》系列一样，在网络上有多个玩家一起玩的游戏被称为MMORPG。

策略游戏是一种依靠分析和逻辑思维，以在与对手的竞争中占据优势为目标的游戏。《星际争霸》（StarCraft）就是典型的策略游戏。

商业游戏是用来学习企业与业务有关的理论、经验的游戏，又称商业模拟游戏。在许多企业中，财务、人力资源管理、组织行为、市场营销等部门都是通过商业游戏进行学习的。

02

头部企业要研究游戏

未来的机会在游戏里

耐克不再是消费品企业

现在很少有人会认为耐克是销售鞋类和杂货的快消品企业。耐克利用 IT 技术进行了各种试验，比任何企业都能更迅速地应对变化。

2006 年推出"Nike Run＋"时，耐克与苹果合作设计了与 iPod 联动的应用。用户只要将 500 韩元硬币大小的装置安装在耐克运动鞋的鞋垫下面，就可以将个人的运动信息储存起来，并可以通过与 iPod 联动将运动记录上传至互联网。虽然现在我们只需要在手腕上戴一个手环，就可以和很多可穿戴设备、手机 App 连接使用，将心率到睡眠习惯都记录下来，并且感觉这没什么大不了的。但在当时，这却是创新性的尝试。这是向非专业运动员提供个人自我运动管理记录应用的尝试。耐克并没有止步于此，之后还通过手机 App 和网络为用户提供将个人的运动记录与"Nike Run＋"全球的用户共同分享的服务。小到自己所居住的小区，大到地球另一端的用户，通过共享，耐克向客户们提供了如一起玩游戏般的跑步体验。在此之前，这种运动数据管理功能是只有专业运动员才会使用的高级功能。

在得到用户的个人授权后，耐克方面也保存了该数据，这些数据在之后的产品开发及营销中起到了非常重要的作用。这是因为通过"Nike Run＋"收集到的数据比通过问卷收集的数据要真实得多。几年后，耐克推出了手镯形式的"Fuel Band"。这是一款分析日常生活模式并测定卡路里消耗的智能手环。由于并不是所有人都有跑步锻炼的习惯，因此为了扩大使用者范围而增加了记录日常健康状况的功能。随着越来越多的企业生产智能手环，耐克又一次做出了重大决定，即着眼于所有人都使用智能手机这一现状，开发制作移动应用，停止了智能手环的生产。虽然现在看起来这是理所当然的选择，但在当时是极具创新性的选择。

以精巧的手机应用设计取胜的耐克

虽然在早期制作了多款手机 App，但现在耐克将功能进行了整合，只留下了两款 App——"Nike Run Club"和"Nike Training Club"，它们分别是跑步 App 和家庭健身 App。早早进入手机应用市场的耐克，推出了两款精心设计的应用。用户进入"Nike Training Club"之后，可以根据自己有运动辅助工具、有哑铃或者有专业器械等情况和具体的健身目标来选择有针对性的运动方式。用户也可以设定自己想达到的身体状态，App 会根据用户的健身目标为其量身打造合适的运动项目并给出提示。世界知名的健身教练也入驻了 App，用户可以选择符合自己运动水平的教练一起运动。"Nike Run Club"会自动记录用户跑步的时间、距离、路线等。用户在当天风景照上写下运动记录并在 SNS 上共享早已成为时尚。

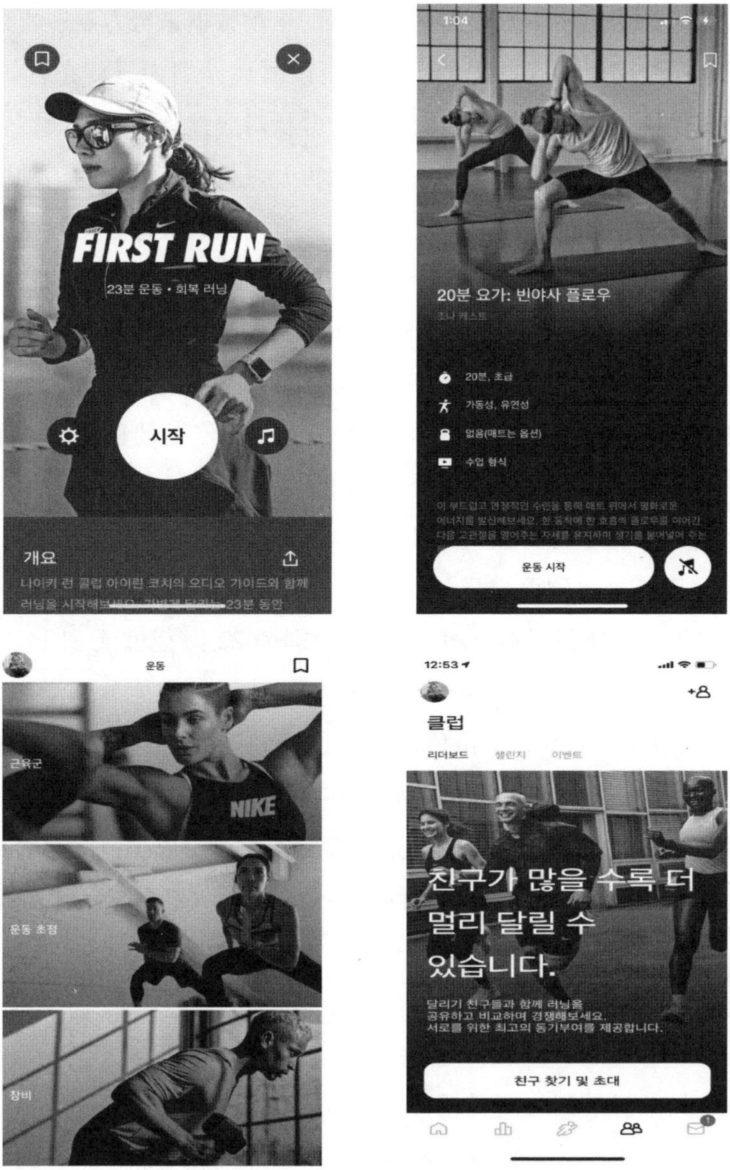

© nike.com

图 2-1　跑步 App "Nike Run Club" 和家庭健身 App "Nike Training Club"

耐克现在依旧利用所收集到的顾客的运动数据来努力制造更好的产品、发布更能引发顾客共鸣的广告。假设耐克计划为居住在首尔的40多岁的男性推出相关产品，他们首先会分析对应性别和年龄段顾客的运动、生活模式、生活轨迹等信息，之后再开发符合其需求的运动服饰等产品。并且耐克会根据目标人群的不同，有的服装设计会更日常，也会排除掉高性能材料，合理地降低价格。同时，耐克对于产品的宣传方法也不同。比如会在目标人群主要的跑步场所和生活场所等活动轨迹上设置广告牌。

耐克并不是一家IT公司，而是更偏向于制作运动鞋和运动服的传统制造类企业。但耐克迅速接受了IT技术，通过近乎颠覆的革新实现了数字化，守住了业界的龙头地位，这在数字上真实地体现了出来。2006年，耐克推出硬币模样的"Nike Run +"时，业界排名第一的耐克和排名第二的阿迪达斯的市值总额分别为22万亿韩元和11万亿韩元，相差2倍。但到2020年，耐克和阿迪达斯的市值分别增至为200万亿韩元和66万亿韩元。市值的变化让我们看到耐克惊人的成长。看着耐克App的进化过程，我认为它正在逐渐变成游戏。我的运动记录不仅可以通过App共享，还可以和全世界的人通过组成小组一起参与运动挑战赛等方式进行交流，这些和网络游戏中玩家进行的活动十分相似。

考虑环境的日产汽车

汽车行业虽被列为高科技行业，但与电子产品却大为不同。早先，在汽车内使用电脑软件是行业内以改善用户体验和增强产品功能为出发点而开始的。但其目的往往聚焦于燃油效率和安全性。日产汽车在仪表盘上插入了一款树状图形游戏 *Leaf*。类似于早先的"电子宠物"游戏，在驾驶过程中，如果司机开车节油，仪表盘上大树的树叶就会变成绿色，如果司机超速或紧急刹车，树叶就会变成褐色或者掉落。通过这个游戏可以将驾驶员的驾驶习惯与汽车的燃油效率联系在一起，并在仪表盘上用数字表示出来。以上就是该游戏的全部内容。*Leaf* 不会给驾驶员任何奖励。但神奇的是，当树叶变成褐色时，人会不自觉地产生一种自己正在毁灭地球的负罪感。因此，该功能具有矫正不良驾驶习惯的效果。同样，开发该程序的汽车公司也得不到任何好处，毕竟司机开车所节约的能耗也不可能给车企带来商业上的收益。尽管如此，日产汽车引进这种系统还是有原因的。因为他们认为，即使企业要追求商业价值，也需要履行保护环境的社会责任。据悉，这个创意的来源是公司希望消费者能够更安全地生活。

图 2 - 2　帮助控制驾驶燃油效率的游戏 *Leaf*

五六年前出差时，我曾租用了一辆日产汽车，用了几天，感觉这个过程和游戏的逻辑非常相似。这一刻，我意识到游戏的逻辑已经深入了日常生活。当时，为了观察游戏要素如何适用于现实，我无论走到哪里，都忙于环顾四周。最先映入眼帘的是地铁站电子屏幕上显示的列车位置的图像。现在为了防止醉汉掉进轨道，地铁轨道上安装了屏蔽门，因此失足掉下轨道的事件就再没发生过。但过去常常会有性格急躁的人因探头确认列车是否开过来而发生事故。为了防止这种情况的发生，地铁站安装了显示列车实时位置的电子屏幕。虽然没有特别的说明，但我们可以直观地知道电子屏幕上的图像就是列车的位置。这是因为我们已经在游戏中有过类似的体验。出国旅游时，我经常乘坐网约车。通过 App 实时显示我呼叫车辆的位置、预计到达的时间、移动路径等，给在陌生城市旅行的人带来奇妙的安全感。虽然这些功能看似微不足道，但由于能够从应用中得到实时反馈，用户的焦虑感降低了。外卖餐饮 App 也增加了显示外卖配送员实时位置的功能。因为他们发现，相比起延迟送达，顾客在点餐后不知道外卖位置的情况下，会感受到更大的压力。

Ⓒ 滴滴页面截图

图 2-3 可实时标记呼叫车辆位置的网约车软件页面截图

路易威登（Louis Vuitton）和巴宝莉（Burberry）等奢侈品牌对游戏也非常看重。2015 年路易威登将《最终幻想》中的角色雷霆（Lightning）选定为其宣传代言人。《最终幻想》的粉丝——路易威登首席设计师 Nicolas Ghesquiere 表示，"通过路易威登 Series 4 的真正主人公雷霆，我们将现实和幻想融为一体"，并在自己的 Instagram 账号上公开了相关的视频。视频中雷霆穿的衣服是路易威登 2016 年 Series 4 春夏季的新品。

© louisvuitton. com

图 2 - 4　2015 年路易威登与《最终幻想》角色雷霆的合作

雷霆早在 2012 年就担任过普拉达（Prada）的代言人。为了纪念《最终幻想》系列 25 周年，她被选为 2012 年普拉达春秋季男士系列模特。雷霆是一个虚拟人物。如果说网络化身（avatar）是根据自我形象制作的角色，那么虚拟人物就是指全新创造的虚拟角色。只有《最终幻想》的玩家才知道的角色成为奢侈品牌的代言人，这本身就意味着该品牌将其游戏玩家视为潜在客户，且其客户群相当庞大。

2019 年，路易威登发布了与《英雄联盟》联名的首个胶囊系列。

© prada.com

图2-5　2012年为纪念
《最终幻想》25周年而担任
普拉达男士系列模特的角色

先是展示了游戏中角色 Kiana 的尊贵皮肤，随后又发布了实际可穿戴的成衣系列和配饰，引导用户在游戏中以低廉的价格体验名牌产品，并将游戏故事连接到线下，应用到产品中。游戏世界和真实世界看似完全分离，却在互相影响。

美国营销企业 PMX 代理公司的奢侈品市场分析资料显示，5 年后 45% 的奢侈品消费者将是 MZ 世代①。这是奢侈品牌最担忧的一个问题。MZ 世代对奢侈品持有价格高昂且老气的偏见。对此，奢侈品牌一直在为如何更亲近未来消费者而苦恼。不能因为炒年糕店是未来消费者们喜欢去的地方，就在其店里做奢侈品广告。选择游戏作为接触 MZ 世代的切入点，既不会破坏品牌形象，还能够保持品位。

攻占 MZ 世代的竞选活动

2020 年美国总统大选之前，民主党候选人、前副总统乔·拜登（Joe Biden）在任天堂的 Switch 游戏《集合吧！动物森友会》中开展了竞选游说活动。传统的电视广告效果不如以前、新冠肺炎疫情导致游说的线下活动受到影响，于是他们将视线转移到了线上。其中，为拿下对

---

① MZ 世代是指 1980 年—1995 年出生的千禧世代和 1995 年—2000 年出生的 Z 世代的统称。MZ 世代更熟悉网络环境，追求最新的潮流和与众不同的经历。

政治漠不关心的 MZ 世代，他们选择了游戏。《集合吧！动物森友会》是一款在虚拟的无人岛上和动物居民一起装饰房子并进行对话交流的游戏。最初，拜登竞选团队发布了可供玩家的游戏角色使用的免费设计。这是一款"皮肤"装饰的应用，别人只要扫描皮肤上面的二维码，就能知道该游戏玩家支持候选人拜登。对政治漠不关心的 MZ 世代不会参加线下演讲或观看电视辩论并在社交网站上发表支持宣言，而是在游戏中自己的岛屿上竖起了拜登的旗帜，游戏角色身穿支持拜登的 T 恤来展现自己的政治身份，这些都会展示给访问该岛的其他玩家，因而产生了很大的宣传效果。

© Joebiden. com

图 2 - 6　2020 年美国总统候选人在《集合吧！动物森友会》中进行选举游说活动

我们已经生活在一个游戏的世界里了

大多数企业通过广告和营销活动让顾客认识品牌，灌输与品牌相关的特定情感。而这种方法通常是单向输出的，和客户的互动很少。广告做得再好，客户被动观看之后也就结束了。但在运用了游戏元素的广告里，由于其交互性的特征，为客户提供了亲身体验的机会。人类总会长

久地记住、珍惜自己的经验，有些品牌很早就已经发现了这些特性，并将其应用到营销中。

我们已经生活在一个游戏的世界里了。虽然父母常常吐槽说，孩子好像都不想学习，只想玩游戏，这让他们伤透了脑筋。但我想告诉他们，一味地阻止孩子玩游戏并不可取。孩子比父辈更擅长使用智能手机，对新出的家用电器的操作也比父母更快上手。游戏素养（game literacy）是指对游戏文化的理解能力。反思游戏在日常生活中的意义，通过游戏理解世界和人类的能力是游戏素养的核心。

未来的机会在游戏里

一个了解游戏世界观、了解游戏粉丝心理的孩子，可以直观地知道有着相似经历的人应该做些什么才会感到快乐和有趣。他们甚至可以预测到什么时候狂热的粉丝会离开，因此他们可以适当地将这些细微的心理变化运用到自己的工作中。在用户记录个人运动内容并共享数据后，耐克会对特定地区的跑者进行排名。虽然没有任何奖励，但看着日产汽车仪表盘上让人产生满足感的树形图像，用户会感觉自己是环境守护者……这些都是加入了游戏元素的产物。我认为这些内容绝不可能是由对游戏一无所知的人开发的，奢侈品牌也是如此。这是不懂游戏的人无法拿出的游戏融合成果。

让我们回溯到 30 年前，当时出国旅游尚未实现自由化。假设有一家公司的主要业务是向美国市场销售货物。从未去过美国的人和有过美国生活经历的人，谁的工作会做得更好呢？答案是显而易见的。让我们回到现在来思考。在不久的将来，针对会成为消费主力的 MZ 世代做营销企划时，走精英路线、在大企业就职、但从未玩过游戏的人和因为有趣而喜欢玩游戏的人，谁的工作可以做得更好呢？我们必须承认游戏世界是和现实联系在一起的。就像 30 年前彼此分割的美国市场和韩国市场现在通过网络平台连接在一起一样，现实世界和游戏世界的接触点也在逐渐扩大。

有人认为，兴宣大院君①的闭关锁国政策虽然维护了朝鲜固有的文化和人民对国家的认同感，但也导致了近代化进程的缓慢，加速了朝鲜的没落。现在的孩子们不是在游乐场里玩耍，而是在游戏里玩耍，企业要为了将会成为主要消费群体的他们而研究游戏。一切都始于游戏或衍生于游戏，或与游戏相连。比起断然的闭关锁国政策，企业更需要智慧的统摄。

---

① 兴宣大院君：李昰应（1821—1898），字时伯，号石坡、榆屧道人等，朝鲜半岛近代史上著名的保守派政治家。他的祖籍是全州李氏（王族），生于汉城（今韩国首尔），是南延君李球的第四子，朝鲜高宗李熙的生父。李昰应先后 3次执掌朝鲜国政。1864 年到 1873 年期间，他俨然摄政，权倾朝野，对内实行改革，强化中央集权，对外厉行闭关锁国，克服两次"洋扰"。

头部企业更应该投资游戏

品牌的游戏实验——即刻连接

2015 年，雀巢咖啡在德国柏林市内的一个斑马线两端的红绿灯前各安装了一台能够即刻连接的特殊咖啡机。等信号灯时，如果一侧的行人按下咖啡机上的信号灯按钮，就能够在显示屏上看到斑马线对面咖啡机前的人的脸庞，如果此时对面的人也按下咖啡机上的信号灯按钮，咖啡机就能够制作出咖啡。信号灯变色后，过斑马线的人手里拿着咖啡，眼神交流着迎面走过。一些人还会互相击掌。在"雀巢咖啡即刻连接"（Nescafe Instant Connections）项目开展的一天内，收获了 318 次连接，33 次击掌，285 次问候，839 次微笑。通过这个项目，雀巢咖啡传递了"在忙碌的生活中，用雀巢咖啡建立人与人之间的联系"的信息，也为品牌增添了积极的形象。

我认为这个项目非常具有游戏性。安装在信号灯上的咖啡机按钮，有些好奇心强的人会按，谨慎的人可能不会按。这与人们对待游戏的态度大同小异。并且在做任务的时候和陌生人打招呼也是一种游戏性的世界观。在"雀巢咖啡即刻连接"项目中完成过任务的他们一辈子都不

© nescafe.com

图 2-7　"雀巢咖啡即刻连接"项目

会忘记雀巢。因为这是一次既刺激又令人印象深刻的经历。

　　杜拉塞尔（金霸王电池）也曾在加拿大蒙特利尔举办过类似的活动。在寒冷的冬日，蒙特利尔市设置了特别的公交车站，在公交车站安装了加热器，在车站两端标上了"＋"极和"－"极。这是一个等公交车的人一起拉手将"＋"极与"－"极相连，吹出暖风的构造。与"在寒冷的冬天，能让身体暖和起来的不是暖气，而是人们的双手"这一信息一同让人们印象深刻的还有杜拉塞尔电池优越的耐寒性。杜拉塞尔以别具一格的方式为电池这种功能性的产品增添了温情的气息。这也是一个充满了游戏元素的活动，人们进入公交车站这个巨大的电池中，手拉手吹出暖风成为玩家们要完成的任务。

© 腾讯视频截图

图 2-8　杜拉塞尔在公交车站举办的"手拉手"活动

品牌如何塑造自己的标志

　　百事（Pepsi）在英国伦敦的公交车站安装了一个透明的 AR 显示器。为了使人们看到公交车驶来的样子，车站安装有摄像头，将等待公交车的人们的视线集中到一边。然而，在人们目光聚集的地方，放置了一台 AR 显示器。就在所有人都集中注意力的时候，显示器突然呈现陨石坠落，或者打开窨井有巨大的章鱼跳出来劫持路人，还有逃离动物园的老虎威胁性地靠近的画面。等公交车的人们惊呆了，仔细观察 AR 显示器的背面，看到了百事的标志。这个广告向人们展示了百事是一个充满活力、刺激的时尚品牌，并传达了百事与人们一起享受充满活力、刺激的瞬间的信息。该视频通过社交平台被人们分享转发，引发了热议。

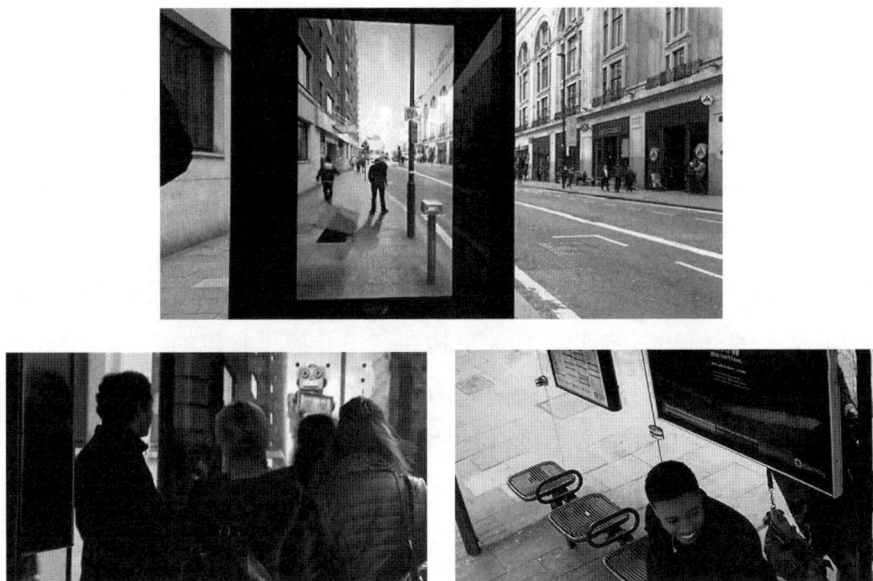

© 优酷视频截图

图 2-9　百事（英国）在公交车站举办的品牌活动

　　三星电子在海外首次推出 Galaxy 手机时也开展了一些相关活动。其中有一个活动是：如果从广告开始播放直到播放结束，观看者能够不眨眼睛，一直集中于广告，就会赠送礼物给观看者。因为任务不是很困难，所以很多人发起了挑战，三星电子还专门派人来干扰挑战者。在有限的时间内完成任务，体现了游戏规则中的"Time Attack"（时间竞速）。该活动聚集了很多人，那么多人能够长时间地集中关注三星电子的标志是不可能的。这个活动是考虑到竞争对手苹果公司的标志可以被消费者准确记住，但却记不住三星的标志而设计的。

日常生活中的游戏时刻

有时候人们会遇到在高速公路上无法高速行驶的情况，虽然走的是收费公路，但因为车流量太大，还不如走免费公路。印度班加罗尔地区有一个臭名昭著的交通密集区。在高峰时段，由于车流量太大了，整片区域就像一个巨大的停车场。为了杜绝这种情况，政府开始征收车辆通行费。然而，无论怎么提高收费，车流量都不减少，拥挤程度仍然一天天加剧。2008—2009 年间，相关机构在这里开展了有趣的实验。

实验者将车辆过马路的时间分为"上午 8 点之前""上午 8 点到 8 点 30 分之间""上午 8 点 30 分以后"，参试者在相应时间段驾驶车辆每过一条马路，会分别获得 1.5 分、1 分、0 分的积分。参试者可以用累积的积分购买彩票。彩票的设计也很有趣。实验者并不是将累计的积分等额兑换成彩票，而是制作中奖概率低但中奖金额高的彩票、中奖概率高但中奖金额低的彩票等来供参试者选择。印度人非常喜欢彩票。古代梵文史诗《摩诃婆罗多》中也有关于彩票的记载。实验结果显示，上午 8 点以前和 8 点到 8 点 30 分之间的通勤车辆数量增加了近 2 倍。也就是说，在原本车辆通行较少的清晨时段，通行量有所增加，这在一定程度上改善了交通拥堵的问题。该实验应用了积分、虚拟经济、概率等游戏元素。

让公益活动也变成有趣的游戏

在英国有一个揪出议会议员肆意挥霍税收的游戏。工作人员扫描议员的税费使用明细并在网上公开后，由不特定的人查看收据，找出错误。找出议会议员去釜山出差当天在首尔使用过的用餐收据或找出议会议员当天出差时支付住宿费的收据是需要很多人力和时间的工作。因为资料非常多，而且议会议员人数众多。于是政府想出了一个主意，就是像玩游戏一样，把数据向普通市民公开，请他们找出漏洞，从而完成任务。即使不是专业的会计师，只要仔细检查，任何人都能找到。尽管赔偿金额不大，但很多市民感觉自己像当了侦探一样，对这个游戏十分投入。

在俄罗斯，随着肥胖人口的增加，政府在地铁站前设置了深蹲机，开展了深蹲到达一定次数以上就免费赠送地铁票的活动。锐步（Reebok）在地铁站台两端安装了传感器，像进行间歇性训练一样，开展了快速往返于两侧的活动。如果能在规定时间内成功，就会赠送锐步鞋。这两个活动都包含了政府希望通过生活中的运动来鼓励市民战胜肥胖的信息。

Tree Planet 是一款在内蒙古的沙漠中种树的游戏。玩家在游戏里积极地活动能累积积分，这后可以将积分兑换成货币，当货币达到一定金额的时候，游戏公司就会在内蒙古的沙漠中种一棵真正的树。虽然只是玩游戏而已，玩家却能以自己的名义向内蒙古的沙漠捐赠一棵树。

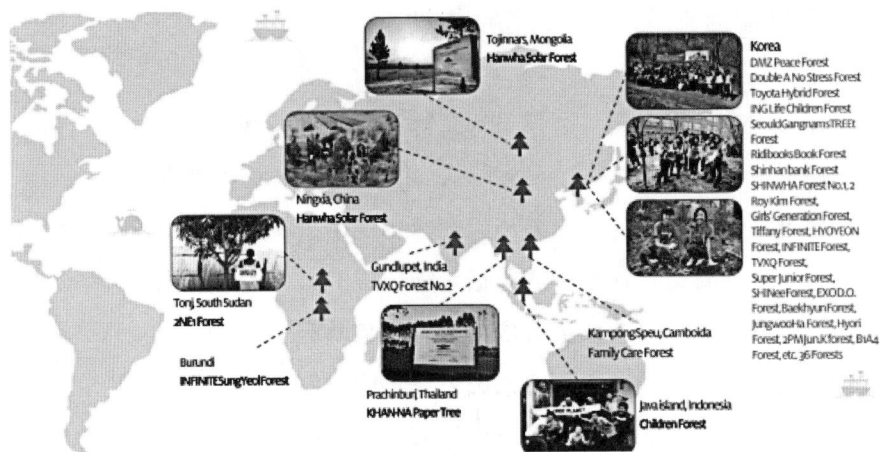

© treeplant

图 2-10 以植树为主题的手机游戏 *Tree Planet*

镌刻在人类基因里的游戏 DNA

还有好多把游戏元素运用到日常生活中的例子。之前因为新冠肺炎疫情实行保持社交距离政策的时候，公交公司在公交车站贴上了脚掌形状的贴纸，让人们站在有一定距离的贴纸上排队候车。人们有下意识地遵循规则的习惯。在需要排队的情况下，看到脚底贴纸，大部分人会努力遵守规则。就像没有任何意义的卡片，在游戏中被玩家分享的瞬间就具有了象征性意义一样，我们在日常生活中只要进入规则之内，就会遵守规则。那些说没玩过游戏、不喜欢游戏的人也一样。人类之所以被称为 Homo Rudens（游戏人类），是因为人类生来就有游戏基因。

史蒂夫·约翰逊的著作《神奇乐园》中有这样一个故事：喜欢用棉花制作棉布的贵妇们，利用自动演奏乐器的自动马达原理，制作了能够自动在布上制作图案的纺织机，这引发了工业革命。在中世纪、近现代起到公共游乐场作用的小酒馆里，很多人聚在一起玩、自由对话，他们自由地表达和行动，其结果还引发了后来的民主主义和独立运动。小玩具、游戏、聊天带来的自由创造成为推动人类发展的原动力。

企业培训需要的是玩而不是教

游戏的乐趣与现实的幸福相连接

现在已经是一个游戏玩得好也是实力的时代了。这里指的并不是职业玩家。游戏设计师兼美国未来研究所游戏研究开发领域的开发理事简·麦戈尼格尔（Jane McGonigal）博士一直主张"游戏可以让世界变得更好"。他一直在思考生活在现实中的我们如何解决面临的挑战，致力于研究如何将玩游戏时的积极情绪与现实世界的幸福感和成就感联系起来。

在 2020 年游戏文化基金会主办的第三届"Tink About Game Talk"大会上，简·麦戈尼格尔博士发表了题为"不可预测的未来，游戏有助于未来社会的四个理由"的演说，他强调："玩电子游戏的人比不玩电子游戏的人更能适应新任务。"其根据是，电子游戏可以训练大脑更快地感知周围的变化，告诉大脑如何与人工智能合作，提高人们在游戏中互相帮助的能力，从游戏中得到的正能量和专注力有助于解决日常的难题。

还有一些有趣的实验结果。新冠肺炎疫情彻底改变了学生们的生活，简·麦戈尼格尔博士的团队针对美国的女学生和男学生谁更适应这些变化进行了调查。结果显示男学生更占优势。因为许多男学生是僵尸游戏迷，他们在游戏中会打掉肉眼可见的僵尸和病毒，而且新冠肺炎感染者也并不会变成僵尸来威胁大家，因而他们乐观地认为新冠肺炎疫情总有一天会结束。虽然他们暂时不能像以前那样在线下和朋友们一起玩，但可能是因为习惯了边玩游戏边戴着耳机聊天，所以他们反馈并没有感觉到上网课有什么不便。简·麦戈尼格尔博士解释说："硬核游戏中的环境可以看作对新冠肺炎疫情实际情况的提前演练。"

世界游戏化

宝马和波音在生产过程中积极引入游戏元素。过去工作人员需随身携带设计图纸，进行零件的组装或拆分，现在他们只需一副 VR 眼镜就能轻松搞定。工作人员戴上 VR 眼镜后，眼前会弹出任务窗，镜片上会出现需要组装的零件形状。工作人员找到该零件后，将其靠近机器，镜片上就会标记出要安装的正确位置和方向，如果安装正确，

© BMWGroup

图 2-11　宝马积极地将 VR 和游戏原理引入职业培训课程

67

VR 眼镜会发出称赞的声音。在过去只有熟练的工人才能完成的工作，在引入 VR 设备后，只要完成基础教育，任何人都可以胜任。特别是像战斗机这样复杂的机器，一对一培养一名熟练工人需要 1 年 6 个多月的时间，但如果运用这种新型方式进行培训，时间将缩短到 1 年左右，每次可以进行最多 3~5 人的小组培训，大大降低了企业的时间和经济成本。

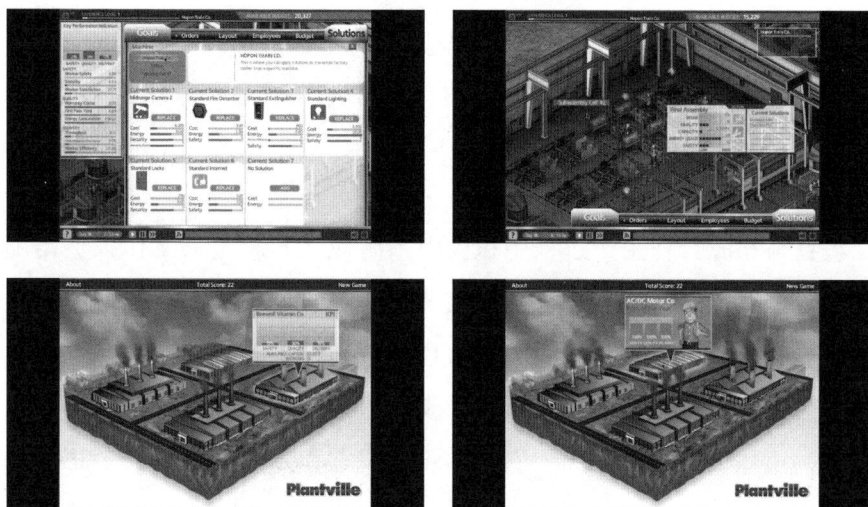

© Siemens. com

图 2-12　西门子为了让职员理解整个公司的价值链而开发的教育游戏 *Plantville*

　　德国综合性科技企业西门子的业务范围涵盖了制造化学和石油装载设备，让西门子苦恼的是，除了核心工程师之外，营销或后勤部门的员工对公司的主营业务并没有准确的了解。包含职务培训在内，为了让员工全面了解整个公司的价值链，西门子进行了数次职工培训，但效果并不理想。经过多次尝试，西门子改变了培训方法。他们将公司的业务制

作成名为 *Plantville* 的游戏，为了让玩家可以在游戏里深入体验公司的业务，西门子还给游戏配上了精美的图片。在过去，如果是财务部的职员，只看技术部上传的零部件购买明细单，是无法理解为什么需要这些零部件的。但通过 *Plantville* 了解了相关零部件之后，学习效果非常好，工作沟通更为顺畅。每次技术团队要求补充人才时，HR 部门都不知道该选拔具备什么条件的人才，但通过这个游戏，HR 部门可以准确了解目前技术团队正在推进的项目和需要的人才。

工作变游戏，员工成玩家

美国大型超市塔吉特（Target）过去常常接到"收银台人太多""等候时间太长"之类的投诉。在增设收银台之前，塔吉特首先观察了收银员是如何工作的。最终公司判定员工们的工作状态过于低效。经过一番考量，公司在每个收银台上安装了信号灯。顾客将购买的物品放在传送带上，收银员在 3 秒内扫完条形码就会亮绿灯，若未扫到条形码就会亮红灯。如果收银员获得一定数量的绿灯，他们就可以免除顾客接待方面的相关培训，若红灯累积到规定数量，收银员就需要接受机器操作或顾客接待方面的相关培训。

有不少工厂为了提高生产效率经常使用的方法是，检测工作的速度和准确性，然后用数字将员工的积分或等级展示出来。

对此人们有两种看法。有些人认为，这是让员工怀揣着成为游戏玩家的心情，像在游戏中执行任务一样愉快地工作；还有人认为这是公司对员工过度的监视和控制手段。这两种意见是相互对立的。

万豪国际（Marriott International）连锁酒店会用游戏来帮助员工熟悉业务；咖啡公司运用 VR 设备帮助员工熟悉咖啡的制作方法。咨询公司德

勤（Deloitte）亲自开发制作在内部培训使用的游戏项目。三星电子还开发了模拟投资游戏，就像云融资①一样，这是一款如果有人提出创意，相匹配的投资者就会投资该创意并支付补偿金的游戏。如果在设计上能充分体现游戏的特点，那么公司的内部社区平台会很容易活跃起来。还有更简单的游戏，如员工上班后打开电脑登录业务门户网站时，会弹出 3 名公司员工的照片，员工需要回答照片中的人是谁。如果答对了，就会获得积分，如果答错了，游戏会告知该员工照片中人物的所属部门和姓名。这款游戏可以帮助规模较大的公司的员工加强对同事的了解。

能够了解成员价值观的人生游戏

现在很多企业为了员工培训、市场营销以及提高办公效率，都会引入游戏元素。其中投资最多的部分是培训。*May Fly* 是一款提前体验从 20 多岁活到 70 多岁的游戏。这是一款精神与物质相结合的棋盘游戏。游戏开始前会向玩家发放 7 张写有人生重要价值观的卡片和 3 张生命卡。玩家拿着卡片在现实空间中进行游戏，与其他玩家交换他们认为相对不那么重要的卡片。

在进行游戏的过程中，会很自然地出现这样的对话："为什么要舍弃这张重要的牌（价值），为什么要选择这张牌（价值）？" *May Fly* 的

①　云融资是以泛金融业务产业链为基础，以融资项目的金融价值为依托的一种专业的、高效的融资模式。它会对金融及其衍生产品的种类、功能、服务（我们可以称之为融资池）等影响融资效率、质量、成败的因素进行分类和对比，从而进一步实现金融机构与企业的分工、合作、互动，使得每一个融资项目在其条件范围内获得最优质的融资解决方案，最终实现金融服务体系效率的最佳化、价值最大化。

道具和规则都很简单。通过这款游戏，玩家们可以以轻松的状态来谈论平时很少深入交流的人生价值观。游戏按年龄段划分游戏空间，玩家要在棋盘上一边移动位置一边解决问题，而棋盘的尽头就是死亡。

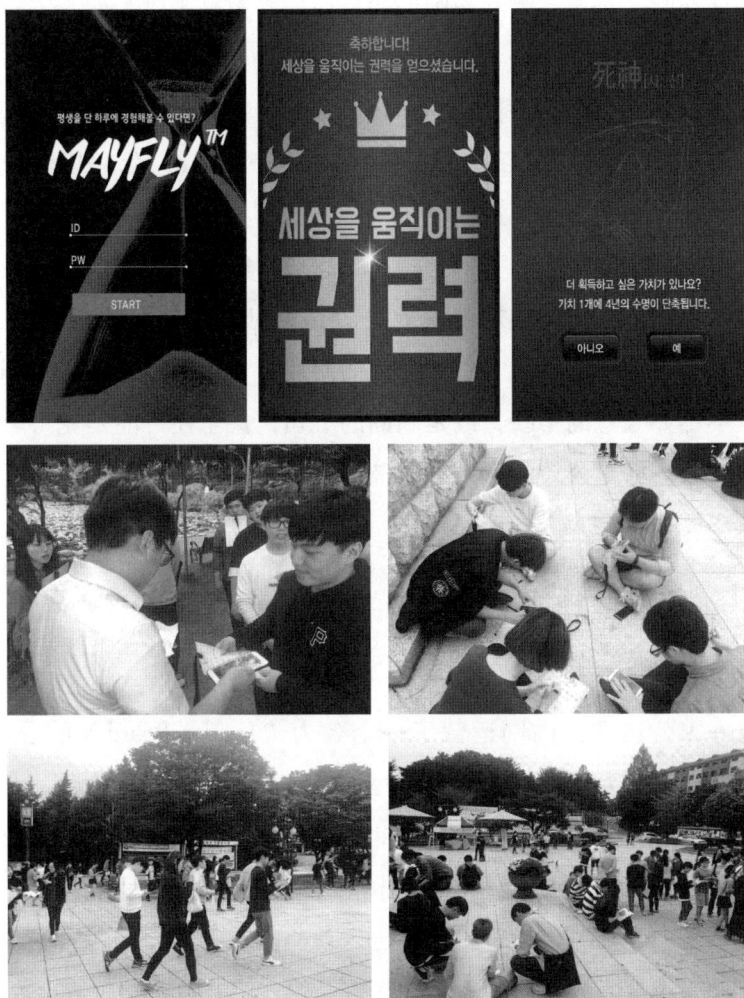

图 2-13 *May Fly* 是一款提前体验从 20 多岁活到 70 多岁的游戏，这是一款考验人们的人生观和价值观的棋盘游戏

最后一步是玩家提前写下墓志铭。通过这一系列的过程,提醒玩家"你的人生就是你一生中做过的选择"。由于这款游戏可容纳 200 多人一起参与,因此在团体培训中应用较多。在游戏开始前,当谈到这款游戏能带来什么时,企业高管和教师们的反应通常都是不以为然。不过一旦游戏开始,玩家们却纷纷要求"多给点思考的时间"。

据说,现在很多企业都在为年轻员工的工龄变短而苦恼。管理层只会从年轻员工身上寻找原因,如"现在的孩子没有毅力""因为成长过程非常顺利,干活容易半途而废"等。但只有搞清楚真正的原因,才能改变这一局面。公司为了了解年轻员工辞职的原因,有时候会做一些访谈或者问卷调查,但这很难了解他们的真实想法。*May Fly* 是一款展现个人真心和价值观的游戏。在价值观的游戏中,你会发现他们辞职的原因或是不尽如人意的年薪,或是顽固的上司,甚至还可能是觉得公司没有发展前景。如果公司的愿景能够被年轻员工们认同,并能够被互相分享,其离职率将会大大降低。

有人仍持偏见

有一家公司在其内网运营了一个名为"Leader Board"的公告栏。这是一家拥有数万名员工的公司,每月对员工进行业务评价后,会对员工进行排名并在公告栏上公示。以此我们可以很直观地看出,企业想向排名倒数的员工传达的信息非常明确:"你没有能力,请主动辞职。"在需要排名的竞赛节目中,只公布进入获奖名单的人的排名的原因也是如此。如果像这家公司一样,把所有人从第一名排到最后一名,就等于对最后一名说:"你的实力是最差的,马上辞职吧。"但是就像任何人都不能干预他人的梦想一样,公司也不能强迫员工辞职。对此,公司内部出现了很多质疑的声音，公司方面也感受到了来自员工的压力，并积极地同员工约见商谈。

　　我第一次看到"Leader Board"的时候感觉非常吃惊，强烈表示用这种态度对待员工是绝对不行的。负责人摆了摆手说："做这个并没有其他意思。"这个公告板起初其实是公司为了表扬优秀职工而设立的，当时他们只想着第一名，没考虑到最后一名，因此这个设计上的错误伤害到了很多人。由此，我们要明白游戏思维如果运用不当，所带来的负面影响绝对不容小觑。

　　最近广播界除了"主播"之外，还流行有"副播"。虽然这不是一个非常恰当的比喻，但如果说我的主要身份是大学教授，那么我的次要身份则是游戏设计师，即属于游戏开发的一个工种，是制定游戏规则和调整细节的策划者。除了前文提到的 *May Fly* 之外，我还设计了几款适合在公司内部使用的游戏。而我与企业合作也有一套模式。当我介绍自己是一名游戏设计师时，经常会听到人说："我以前也玩过《星际争霸》。"根据年龄的不同，有时甚至还会听到 *Galaga*①。对有些人来说，游戏也就仅限于此了。因此，无论怎样努力宣传将游戏应用于教育、营销以及提高生产效率等的企业案例，仍然有很多企业对游戏持有怀疑态度。有些要进行企业培训的公司，如果收到了诸如"通过添加游戏元素来提供高度沉浸式教育"的提案，就会表示不太满意。因此，在提案中不会使用"游戏化（gamification）"这个词，而是会用"数字化转型教育（digital transformation）"这个词。换言之，游戏还需克服许多偏见。

　　每次说起开发教育类游戏，就会有人问："为什么要做不赚钱的事

①　*Galaga* 是日本 Namco 公司推出的一款射击游戏，于 1981 年 9 月首度推出街机版。美国的 Midway Games 亦获 Namco 公司授权发布此游戏。

情？"每当这时我都会回答说："因为我们需要目标清晰、使用方便的游戏工具，但游戏公司认为其经济效益低而不感兴趣。"如果拥有尖端技术、高级人才以及雄厚资本的游戏公司能够参与教育类游戏开发就好了。相信这样会给玩家带来比现在更好的游戏体验。

拥抱变化但内心焦虑的一代

在拐点社会感受到的焦虑

也有反馈称,如果我进行有关未来社会预测的演讲,内容会让人觉得不舒服。也就是说,社会似乎会按照我预测的方向变化,但若真的如此发展不知道会是怎样的情形,为此有人心里会感到不安。预测未来的方式有探索性预测和规范性预测。探索性预测是"社会已经在朝这个方向变化"的问题,而规范性预测则是"这个方向是不是正确的方向"的问题。

未来社会将会逐渐向体验型经济发展,部分人认为是可以接受的,但这种转型如果需要人们通过穿戴智能设备在线上虚拟空间来适应,其认为则不可取。对此,我也认为,从安全和效率的角度来说,我们的日常活动虽然在一定程度上通过线上进行比较好,但照此发展下去还是有风险的。如果我们仔细观察,就会发现人们进行常规预测的背后心中怀有恐惧。我们熟知的缝纫机从研制成功、获得专利到投入使用,用了几十年的时间。这是因为它遭到了裁缝们的反对。法国甚至还因此发生了集体抗议,有人纵火焚烧缝纫机工厂和自焚。

历史是不断重复上演的。现在看来，一个更加便利和经济的社会可能会到来，但同时，这种社会变化可能也会引发人们将要被时代所淘汰的焦虑感，我也有这样的感受。

接受高科技的创新者理论

从文明的发展史或技术发展的周期来看，人类是在守成和开拓中发展到现代文明的。当新技术出现时，并不是所有人都能够同时接受。"创新者理论"对消费高新技术或产品的消费者类型进行了区分。按接受时期分为创新者（innovator）、早期接受者（early adapter）、前期多数者（early majority）、后期多数者（late majority）和感知接受者（laggard）。最晚接受新技术或新产品的"后期多数者"和"感知接受者"，只有在确信新技术会让自我感到舒服或者服务停止、生产停止等迫不得已的情况下，才会接受新技术。那些在手机出现后还会因为无线寻呼机（beeper）更方便而拒绝使用手机，直到寻呼机服务停止后才开始使用手机的人就属于这种情况。他们通常被称为"慢性子群体"，这些人对新技术或变化心存恐惧是很正常的。虽然有喜欢变化的人，但也有对现状感到满足和开心的人。这不是孰优孰劣的问题，只是价值观和品位的不同。

创新者：喜欢改变，作为热衷于新技术的群体，他们是最早接受创新的人。相较于期待创新带来直接的效益或生产效率的提高，他们更加热爱创新本身。他们在接受初级阶段的新产品时，对于其所存在的缺陷或变化包容度更高。对于企业而言，很难通过创新者获得丰厚收益。只能期待他们将下一个阶段的消费者动员起来，即早期接受者。

早期接受者：能够接受新技术，希望获得创新成果和突破性变化的群体。他们希望以创新产品的先进性功能和性能领先于其他消费者，从竞争优势中获益。此外，他们的价格敏感度较低，即使多付费用，只要能提前一两个月购买到产品，他们也乐意买单。并且他们非常乐于与其他潜在的消费者积极交流。比如他们会积极通过媒体、博客、SNS 等主动分享对创新产品的消费体验。

前期多数者：主要表现为实用主义。比起激进的革新，他们更喜欢渐进式的改变。比起自己主动选择独特的产品或技术，他们更愿意使用多数人都在使用的产品。他们易受同行企业或专家的意见及其使用模式的影响。也就是说，他们在不想承担较大风险的情况下，跟随周围的趋势，稳定地提高生产效率。

后期多数者：当他们认识到周围有相当一部分企业或消费者都在使用创新产品，并因此感受到压力时才会进行购买。他们尽量规避由创新产品带来的风险，对成本也非常敏感。

感知接受者：他们对创新产品或技术持怀疑态度，反对革新或变化。他们不相信创新产品能带来更多效益，除非到了不接受新产品就难以为继的情况下才会接受新产品。

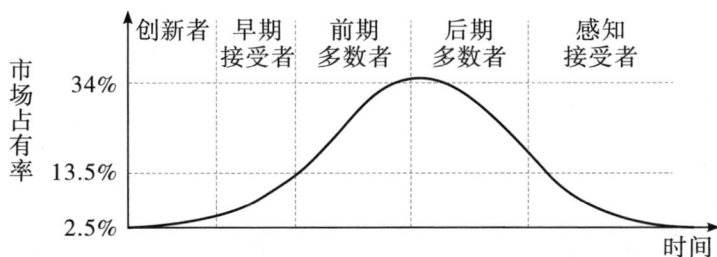

图 2-14 第五阶段受众的市场占有率

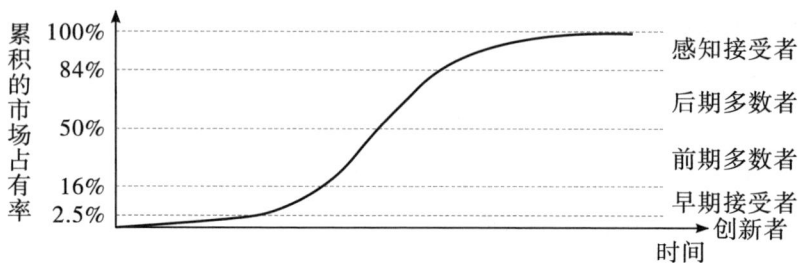

图 2 - 15　第五阶段受众累积的市场占有率

一个决定人类未来生活的时代

新技术给人类生活带来了许多大大小小的变化。英国托马斯·纽卡曼（Thomas Newcomen）于 1712 年研发的常压蒸汽机是工业革命的起点。从工业革命前后的人均收入变化（见图 2 - 16）可以看出，迅速接

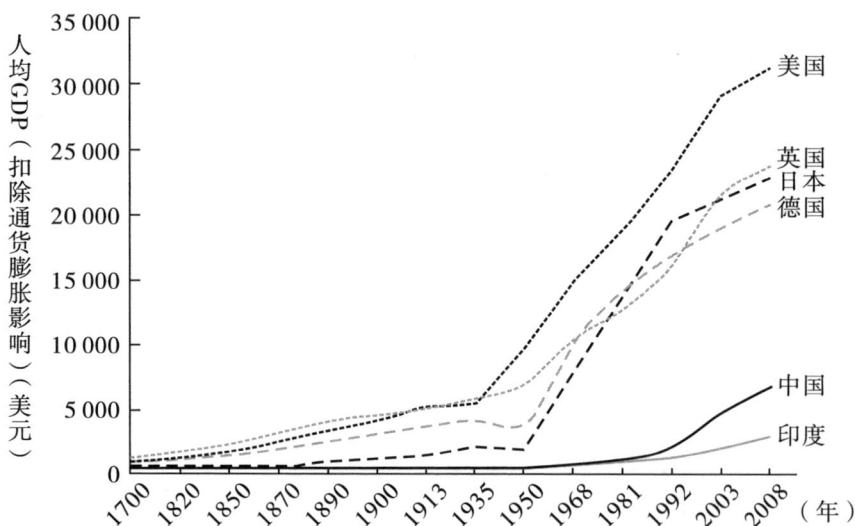

图 2 - 16　工业革命前后的人均收入变化

数据来源：世界银行，IKMResearch。

受了工业革命的美国和西欧的人均收入急剧提高。虽然在工业革命之前，西欧是最富有的地区，但与非洲、印度和亚洲没有太大差距。而美国当时的水平与印度不相上下。美国现在之所以能屹立于世界经济的中心，是因为受到了工业革命的巨大影响。由于当时它接受了工业革命，因此拥有了制造武器的原始技术，这使其在第二次世界大战时通过出口武器积累了大量的财富。

无论是焦虑还是不适，都能被理解为是"现在的变化让人不快、反感""大家都想作为后期多数者或感知接受者"的心情。但也应该注意到，以小到我们自己的家庭和下一代、大到社会和国家的发展来看，这种不安全感和抵触情绪可能会阻碍我们未来的发展。创新技术超越了企业甚至国家，对整个人类的生活都会产生巨大的影响。这并不是说把后期多数者和感知接受者判定为"恶性群体"，要排斥或者轻视他们。在引入新事物的时候，为了让尾部的群体也能很好地跟上趋势，我们要努力地理解和承认他们的性向差异①和焦虑，同时要努力使大家融入同一个社会。

当前，社会经济处于急剧变化的十字路口。曲线上出现弯曲表示方向改变的点被称为拐点。但就像曲线上的点本身没有方向一样，身处社会中的我们也很难准确认知变化方向。越是这个时候，培养思维能力及学会以宏观的视角去观察周围的世界就变得愈发重要。最重要的是，要善于通过想象将未来可视化，通过变化之间的关联性学会立体地思考。

---

①　性向是指一个人对某种活动可能达到的熟练程度或是一个人的特殊潜在能力。人的性向差异很大，有的人具有艺术潜能，有的人具有文学潜能，等等。

企业不变革就会被淘汰

曾经坚不可摧的英特尔的跌落

2020 年，苹果宣布与英特尔（Intel）分道扬镳。此前，苹果在 iPhone（智能手机）、iPad（平板电脑）、Apple Watch（智能手表）上使用的均是自己研发的芯片 "Apple Silicon"，而在相对高配置的 iMac（电脑一体机）和 MacBook（笔记本电脑）上使用的则是英特尔的芯片。但随着搭载自行设计的 M1 芯片的新款 iMac 和 MacBook 的推出，苹果结束了与英特尔的长期合作关系。搭载 M1 芯片组的产品可以直接使用 App Store（苹果商城）的应用程序，开发者可以通过新的 Universal 应用转换成现有的 Mac OS 操作系统。虽然对英特尔来说是晴天霹雳般的噩耗，但对苹果而言，它降低了对外部的依赖程度，强化了机器性能，巩固了自有品牌的技术生态。这也意味着苹果通过集成 CPU（中央处理器）、GPU（图形处理器）和内存的系统芯片 M1，进入了电脑半导体市场。

一直称霸电子产品世界的英特尔在过去 10 年里一直没有展现出革新的面貌，而常被人戏谑"贴着'便宜货'标签"的美国超威半导体公司（Advanced Micro Devices，AMD），却一直在以改进的工艺和低廉

© apple. com

图 2 - 17　苹果自行设计的系统芯片 M1 从 2020 年开始搭载在 iMac 和 MacBook 上

的价格为卖点，对英特尔穷追不舍。因向 PlayStation 5 和 Xbox 的 X 系列提供芯片，其性能也得到了市场的认可。目前不仅是电脑，在服务器 CPU 市场上超威的占有率也在不断提高。2020 年超威收购了主要用于通信和网络领域的 FPGA（Field Programmable Gate Array）制造商——半导体第一企业赛灵思（Xilinx）。虽然大型运营商目前还比较愿意使用英特尔的 CPU，但如果收购了赛灵思的超威，改进服务器 CPU，市场肯定会发生巨大的变化。最终，英特尔于 2020 年 10 月宣布将 NAND（计算机闪存设备）业务部门出售给 SK 海力士（SK hynix），自己将继续专注于主营业务，即系统半导体。

亚马逊的创新，从线上书店开始

杰夫·贝索斯（Jeff Bezos）于 1994 年创立了亚马逊。和史蒂夫·乔布斯一样，位于美国西雅图的车库是他的第一个办公室。亚马逊以线上书店起家，向顾客们提供了一种体验，即买书时不是进入物理空间的书店，从陈列的有限的书中选择自己喜欢的书，而是登录到无法估量面积的线上书店进行购买。此后，亚马逊收购了 IMDb（互联网电影资料库），将业务领域扩展到了多媒体，同时扩大了自己的销售种类。最终，亚马逊成了"该有的都有，不该有的都没有"的电商企业。到了 2002 年，它已经扩展到了运输领域，客户订购的商品可以直接配送到家。2005 年亚马逊推出了高级（Prime）服务，并开始提供一站式服务。如今，亚马逊拥有超过 1.5 亿名高级会员。高级会员拥有娱乐、电子书、餐饮服务、云存储、游戏等庞大的资料库，创始人杰夫·贝索斯与特斯拉的埃隆·马斯克一起登上了世界首富的宝座。最近亚马逊还像美国的 Netflix（网飞）一样，对原创内容进行投资。

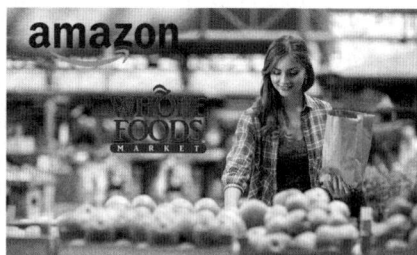

© primevideo. com，amazon. co. uk，amazon. com

图 2－18　亚马逊提供一站式全方位的服务

首次开发 GPU 的英伟达的挑战

英伟达（NVIDIA）最初是一家生产显卡的公司。直到 20 世纪 90 年代，显卡还只是一个类似适配器的部件，将 CPU 的运算结果转换成图片或文字信号，输出到显示器上。但是随着高端游戏的陆续出现，显卡对性能的要求开始发生变化。英伟达在 1999 年推出了一款新的图形控制器，可以在没有 CPU 帮助的情况下进行运算和输出，于是开始使用 GPU 这个词。使用基于 GPU 的显卡可以大大提高 3D 图形的性能，使得游戏的驱动更加流畅。但令人感到意外的是，英伟达目前领跑 AI（人工智能）市场。AI 的核心是深度学习（deep learning）。深度学习是指在设备内部建立众多模拟人类神经网络的"人工神经网络"，赋予机器学习能力。为了维护人工神经网络，机器需要重复无数次简单的运算，对这种简单运算的重复处理，GPU 要比 CPU 好得多。毕竟，英伟达的 GPU 是为游戏而生的。随着 GPU 被应用到 AI 和数据中心领域，它正在开启新的未来。

此前，英伟达的首席执行官黄仁勋（Jensen Huang）曾作为嘉宾在软银世界大会（Softbank World Conference）上发表主题演讲，并宣称"将让软件编程大众化"。他还补充说："今后将不必对计算机进行编程，只需要让计算机学习就可以了。"这意味着英伟达将通过此前积累的深度学习、大数据、GPU 等技术对 AI 进行革新，并由此开启用软件编写软件的时代。

改变工业现场的游戏

第四次工业革命的本质是数字化。在各处安装了超乎想象数量的传感器，收集数字数据，通过 AI 加工得到特定结果。人类可以利用这些结果做出更好的决策。正如 AI 为了获得信息和答案进行自动搜索一样，在传统产业中，更多的东西正在超越自动化，走向数字化。此前，在工业现场产生的数据之所以以难以加工的形式储存，是因为缺乏制作综合软件的技术。

在此期间，英伟达推出了实时开放式的 3D 设计协作平台 Omniverse，并不断更新性能。Omniverse 利用皮克斯（Pixar）的 USD （Universal Scene Description）和英伟达的 RTX（英伟达的显卡品牌名称）技术，支持用户在全球任何地方都可以轻松使用该应用程序，并与同事和客户进行实时协作。Omniverse 虽然是虚拟空间，但在设计上遵循了实际物理规律，可以帮助创作者在世界各地像远程编辑文档一样轻松地围绕单个设计进行协作。例如，假设你使用 Omniverse 设计建造智能工厂，组建生产线，然后部署机器人，你可以在显示器内模拟出几乎与实际完全相同的样子。这相当于是将 AR 和 AI 相结合，是在购买家具之前就可以在自己家里放置家具的宜家应用程序 "IKEA Place" 的进阶版本。

除了智能工厂设计之外，利用 Omniverse 还可以实现从事机器人、汽车、建筑、工程、制造、媒体和娱乐业等各行业工作人员之间的协作模拟和场景模拟。

过去英伟达是一家生产显卡的企业，为了让游戏体验更加真实而开发的 GPU 改变了工业产业的格局，并通过 AI 引领未来。在玩的过程中，扩展的想象力与为使玩游戏更有趣而开发的技术相结合，正在改变未来。

© Omniverse.com

图 2 – 19 英伟达推出的实时开放式的 3D 设计协作平台 Omniverse

多角色时代：副角色①的世界

人人都有副角色的世界

Persona 来源于拉丁语，意为演戏时使用的"面具"，也是人（person）、性格（personality）的词根。在社会学上，Persona 是指集体生活中的个体表现出来的面貌。我们每个人独自一人时、和家人在家时、和朋友一起上学时、和同事们一起上班时的样子是有些许差异的。心理学家卡尔·古斯塔夫·荣格（Carl Gustav Jung）将 Persona 定义为"介于个人和社会集合体之间的一种状态"。意思是介于本我和社会所期待的我之间的某种状态。那么现实社会中你的样子和生活记录（life logging）、虚拟世界（metaverse）以及你在社交媒体上的面貌是相似还是不同？

我每学期都会举办一次面向学生的被称为"苦恼音乐会"的课程，

---

① 副角色：该词最早是在游戏中使用的。意为该角色并非自己主要使用的游戏 ID（账号）角色，而是用其他 ID 生成的角色。之后该词被应用于现实生活中，指一个人展现出与"平时的自己"完全不同的新面貌或新角色。

即两三百名学生聚集在宽敞的大礼堂，他们将会通过网络向全国展示自己的苦恼。我至今还清楚地记得第一次举办"苦恼音乐会"的尴尬场面。开场白结束后，我请学生们分享一下"你的烦恼"。本来希望他们能够像电视脱口秀一样自然地接受提问并回答问题。但是没有人站出来说出自己的苦恼，最终我只能利用上课之前通过电子邮件收到的"苦恼"把课程进行下去。第二年，我在礼堂前放置了一个巨大的屏幕，并开设了 Kakao Talk① 开放聊天室。学生们被要求以昵称而不是实名进入聊天室，在我提出分享"你的烦恼"的瞬间就有四五十个烦恼被上传。2020 年因新冠肺炎疫情无法进行大规模聚集时，我选择了在 YouTube 上举办。相较于面对面时通过匿名吐露苦恼的人，在非面对面的状态下通过匿名吐露苦恼的人更多，所引发的评论比他们在线下课堂上发出的评论更睿智，课堂气氛也比以往更积极幽默。

企业需要考虑多重角色取向的战略

这是一个人同时在现实世界和多个虚拟世界中展现多重角色的时代。家庭中的我、职场中的我、SNS 中的我、网游中的我，在各自的虚拟世界中表露出来的性格大多会略有不同。也有人认为，一个人在不同的情况下、不同的虚拟世界中表现出不同的倾向和多重人格是危险的。也就是说，这将意味着"我是谁""我是怎样的人"的认同感的碎片化，这样可能使其崩溃。但是，多重人格和多重角色是有区别的。多重人格是指解离性认同感障碍。解离性认同感障碍患者的表现是，一个人在不同的情况下可能会表现出多个相反的人格，而某个人格所做的行为

———————————

① 　Kakao Talk 是韩国一款免费的聊天软件。

和记忆不能与其他人格共享。在不同的虚拟世界中，一个人表现出不同的倾向并不意味着他患有精神疾病。因为在各种虚拟世界中出现的不同面貌合在一起就是真正的自己。为了听演讲而聚集在礼堂时拘谨的我，在公共聊天室里坦率地吐露苦恼的我，在 YouTube 聊天窗口里对不认识的同学的苦恼给予安慰的我，都是真实的我。

© SHUTTER STOCK

图 2-20　这是一个人同时在现实世界和多个元宇宙中
展现多重角色的时代

　　在多个虚拟世界中以多重角色生活的现代人热衷于在节目中公开表现自己的多重角色，亦可称其为"副角色"。比如笑星金申英还以 Trot① 歌手——"二姨金达菲"的身份活动。刘在石也是拥有"Jimi You""Camola You""Yura Seek""Osunsl"等多个副角色的"富人"。企业应该关注这些"多角色"。在产品开发、营销和销售阶段，企业需

---

① 　Trot：这一名称借鉴了西方的"fox trot"，是韩国传统的音乐类型。其歌曲气氛热烈，造型夸张，被称为朝鲜半岛最早的流行音乐。

要考虑将消费者的特性以"人物角色"来进行定义，之后再考虑其与自家商品的匹配程度。比如，如果一家公司新推出使用功能性面料的高价运动服，就要考虑把主要消费群体的年龄、性别、职业、收入、生活模式、性格等特征作为标准，将其划分为几个虚拟角色，以及考虑如何让这些虚拟的消费者更喜欢我们的产品。一个人有多重角色，即使是穿同一件运动服，当他在出勤时、休假时、在社交媒体的虚拟空间休闲娱乐时，都可能会表现出不同的人物角色特点。因而学会制定匹配不同的个人角色的战略对于企业的发展至关重要。

未来世界是与人工智能共存的世界

新概念的组团登场

2020 年有比游戏更有趣的偶像组合出道。那就是 SM 娱乐公司的"aespa"。aespa 是结合表现"Avatar × Experience"的"ae"和意为"两面"的英文单词"aspect"而得名的。aespa 既可看作一个 4 人组合，也可理解为是一个 8 人组合。这是因为 SM 娱乐公司为 4 名成员配备了对应的虚拟成员，即"ae"。现实和虚拟共存的 aespa 让人联想到游戏中的世界。在出道前公开的预告片中，可以看到现实成员和虚拟成员在 AI 系统"NAVIS"的帮助下进行沟通。其出道曲 *Black Mamba* 的 MV 把妨碍现实成员和虚拟成员连接的存在描绘成 Black Mamba[①]。

一段时间以来，aespa 的相关搜索词中一直有一个网络歌手"亚当"的名字。他是韩国的 1 号虚拟人歌手，搜索他的信息，出来的内容

[①] Black Mamba 是 SM 的文化宇宙中阻碍人类与他们的虚拟化身 ae 连接的反派。在 aespa 的 MV 中，"Black Mamba"被描绘成一条巨蛇，aespa 成员及其虚拟化身必须与之抗争。

主要是他唱歌或接受采访的场景。当时要完成"亚当"一个三五分钟的短镜头，需要几十到上百人的努力。有人要全身都贴着传感器进行运动并记录数据，有人要对数据进行解析，然后重新制作成图形。歌曲有人代唱，采访台词也由人代录后再加在完成的视频上。惊人的是，整个过程几乎是手工完成的。就像意大利匠人一针一线打造名牌一样。亚当出道 20 多年后才上场的 aespa 是如何运作的呢？

　　SM 娱乐公司前总制作人李秀满在推出 aespa 时介绍说："这是反映以名人与其虚拟成员为中心的未来世界的偶像组合，它超越了现实世界和虚拟世界的界限，是具有革新概念的组合。"在组合内同时具备现实和虚拟的成员，但各自以其不同的方式进行活动，有时也会以现实世界和虚拟世界合作的方式进行活动。BLACKPINK（女子偶像组合）在 Zepeto 上展示的虚拟化身和 aespa 的虚拟成员有所不同。如果说 Zepeto 上的虚拟化身是现实成员的虚拟分身，那么虚拟成员则通过 AI 学习具备了独立人格。

© Zepeto. com

图 2–21　可以制作与 BLACKPINK 成员相似化身的 Zepeto

通过机器学习变得聪明的人工智能

听到 aespa 出道的消息，我对"图灵测试"（Turing test）的结果充满好奇。图灵测试是指 3 个人通过短信互相交谈，然后在这 3 人中找出哪个人是机器而不是人的测试。这是现代计算机学的奠基人、数学家阿兰·图灵所做的测试之一。如果未能找到机器，则说明机器通过了图灵测试。这也意味着机器被教育得和人一样，人们无法区分出来哪个是机器人。这让我想到了 aespa 虚拟成员的第一个目标就是通过图灵测试。

人工智能体现为机器学习（machine learning）和深度学习。机器学习是指让计算机模拟或实现人类的学习行为，以获取新的知识或技能，重新组织已有的知识结构使之不断改善自身的性能。即计算机通过学习执行特定行为所需的指示标准，自行寻找执行的方法。深度学习与机器学习不同，输入数据后，即使是完全没有信息的数据，程序也可以自行分析和分类。通过机器学习和深度学习拥有了智慧的 aespa 虚拟成员，随着持续的学习，将成长为能够进行自我判断和思考的个体。如果说之前亚当创建了 SNS 账号，其营销团队中的某个人会根据亚当的角色来运营该账号，而 aespa 的虚拟成员自己就能够运营 SNS 账号。只可惜这些虚拟成员没有物理形态，不然真的可能会成长到让人误以为是真人的程度。

促使人工智能发展的是游戏

人工智能的概念最初主要被用于游戏。像面包店大叔、花店老板、中枪而死的路人甲等这类虽然出现在游戏中但不是玩家的角色被称为 NPC。他们虽然不会对游戏进程造成太大影响，但每次遇到玩家都需要做出适当的动作，因此 NPC 需要拥有智能才能提高游戏的完成度。游戏公司研究人工智能的原因之一就是为了让 NPC 像人一样行事。

Unreal Engine 是研究人工智能的代表性游戏软件公司，其目标是拍摄没有真实演员也能达到真人效果的电影。Unreal 推出的虚拟人可以做到连毛孔、发质、瞳孔等细节都无法与真人区分的极致。其图形元素已经接近完成阶段，现在正在人身上安装传感器，并将人类的行动数据化。将这些技术与虚拟人技术相结合，在不久的将来，只需要简单的动作代码，我们就能看到虚拟人自己移动和说话的样子了。

未来社会是与人工智能共存的世界

游戏在促进人工智能的发展方面功不可没。在李世石和"阿尔法狗"（Alpha Go）的围棋大战之前，还有国际象棋天才加里·卡斯帕罗夫（Garry Kasparov）和人工智能"深蓝"的对决。媒体以"机器与人类对决"的标题进行了大量的新闻报道。与输赢相比，人工智能行业的人士更关注的是如此集中的目光能否迎来技术投资。

如果人工智能拖拉机和人来一场"割稻大赛"，人工智能 100% 能够胜出。因为它的体力不会下降，即便重复同样的任务，运算也不会出错。但在国际象棋、围棋和游戏中，我们期待会有不同的结果。战略和操作是人类特有的技能，虽然没有表现出来，但观看围棋大战的人们心中总有一种不屑："敢在机器主题上挑战人类的特长？"因此当阿尔法狗在这一领域战胜了人类后，即使是加上"这是'机器学习'和'深度学习'等新技术的结果"，这一说法也同样令人感到不安。但情绪不能变成态度，希望我们不要用排斥来表达不安。

人类与人工智能共存是不可抗拒的时代潮流。为了能顺利地适应不

断变化的世界，我们也需要练习。虽然我们无法穿越到未来生活，但在游戏里是可能的。目前，虽然在现实生活中大部分人只能接触到冲咖啡和烤比萨的低水平人工智能，其外表也让人难以分清是机器还是机器人。但在未来，机器人将发展到无法被人轻易区分的地步。虚拟人将是拥有自主思考、判断和行动能力的高水平人工智能，成年人如果不知道该如何与之沟通，可能会感到惊慌失措。为了减少这种情况，成年人应该像那些将人工智能当作新朋友的孩子一样，在游戏中与真人的虚拟化身或虚拟人互动，学习如何与人工智能共同生活，这些都是相当不错的方法。

游戏与现实相连

元认知能力的提升

让我们来回顾一个实验，这个实验是为了探究成绩排在前 0.1% 的学生有哪些特点而开展的。这些成绩优异的学生是智商高人一等，还是因为父母的经济实力强？实验以全国成绩排名前 0.1% 的学生和其他普通学生为研究对象，对他们进行了记忆力等多维度的比较，结果并没有明显的差异。同时对他们进行了其他方面的测试。实验中分别向他们展示了没有任何关联的 25 个单词，每个单词展示 3 秒钟，然后考察他们能记住多少单词。结果很有趣，成绩在前 0.1% 的学生比普通学生记住了更多的单词。之所以在记忆力本身没有太大差异的情况下，对比组却出现了完全不同的结果，这是因为普通学生的元认知能力的不同。

元认知是指我们知道什么和不知道什么。这是一种思想上的指导，但神奇的是人在玩游戏的过程中会不自觉地习得元认知能力。玩家进入游戏后，会有大大小小的任务。执行任务需要区分我军和敌军，需要知道可以使用哪些道具以及在当前等级下可以发挥的能力是什么，等等。然后玩家要思考自己缺乏哪些信息，以及需要采取什么行动来获得这些信息。就

這樣，隨着對自己擁有的信息和資源的持續性思考，"知道的和不知道的""擁有的和沒有擁有的"等元認知在遊戲中便會自然而然地形成。

遊戲體驗連接現實世界

在遊戲中執行的戰略行動也適用於現實。實際上，企業和軍隊還把原本在電腦上使用的運營經驗或戰爭戰略製作成模擬遊戲進行普及。在國外，發生交通事故時，由於孩子及時開車或者停車而避免了更大事故發生的事例經常見諸報端。不久前發生過一件類似的事件，一名10歲出頭的男孩跟奶奶駕車出行，奶奶在駕駛時突發腦出血，身體麻痹，之後是男孩小心翼翼地把車停靠在路邊的。聽聞該事例後深感震驚的大人們問我這個孩子是怎麼開車的，我回答他們說，男孩是按照《馬里奧賽車》（*Mario Kart*）遊戲中的方法操作了方向盤。也發生過有人在經過交通事故現場時，通過人工呼吸救活了傷者的事件。雖然那個人沒有參軍，但他是再現入伍情形的模擬遊戲的玩家。據說，他在遊戲中學會了人工呼吸的方法。像這樣的情況可以說明遊戲會對現實世界產生影響。

還有一個重要問題是遊戲暴力。對此，有兩種意見針鋒相對，一種意見認為無論遊戲中有多麼暴力的行為，都不會反映在現實世界中；另一種意見認為遊戲中的暴力行為與現實世界相連。前者認為通過遊戲可以消除人對暴力的慾望，因此反而會產生積極的影響；後者則主張在這個過程中人會學習使用暴力。

那麼玩暴力遊戲會增加人的暴力性是真的嗎？目前還沒有發現遊戲和暴力之間的關聯，一切說法也只是猜測而已。就我個人而言，我認為個人內在的暴力性在遊戲中可以被消耗。由於個人的壓力和暴力性可以在遊戲中被消耗，因此會減少其在社會上散發的負能量。

信息而非聊天工具的问题

这一切真的是只属于游戏的争论吗？1973年，小说《西部世界》出版。这本科幻惊悚题材的书以科学高度发达的未来为背景。小说讲述了发生在主题公园"西部世界"的故事，在那里到处都是表面上与人没有区别的机器人。机器人在认知能力和情绪方面也与人无异。因此他们也不知道自己是机器人。这些机器人无须特定的程序设定就能感受到快乐、悲伤、愤怒甚至后悔的情绪，这种未经编程的能力就是"记忆力"。无论遭遇多么可怕的事情，第二天机器人的"记忆力"都会重置。在小说中，人们花巨资去西部世界游玩，对机器人进行施暴、杀害、强奸。因为是在假想的空间里进行的行为，而且对象是机器人，所以参与者不会产生罪恶感。因为不管人在西部世界中做了多么可怕的事情，第二天所有东西会像游戏重置一样恢复原样。死去的机器人也会复活，破碎或消失的东西也能够再恢复如初。也许正因为如此，人们才能更没有负罪感地实施暴力。读着这本书，我感觉这个被称为西部世界的地方就像是设计好的空间，让人类尽情展现在现实世界中无法释放的残忍本性。

© hbo. com

图 2-22　电视剧《西部世界》中为满足客人需要而制作的机器人

《西部世界》还被拍成了电影和电视剧，并且大受欢迎。当文本被影像化时，出现了一个令人难以接受的场景，故事中的一个机器人 NPC 是农场主的女儿，男性玩家们每次去农场时都会强奸农场主的女儿。按照原著的故事逻辑，这个可怕的事情会反复发生。剧中的角色会不断被重置，被劫杀的场景会反复出现。如果按照这个世界观将小说制作成游戏会怎么样呢？一想到人类以机器人为对象做出坏事并获得快感的故事会作为游戏上市，我就觉得非常可怕。

游戏与现实的界限将逐渐模糊

主张游戏内容不会影响现实的一方表示："游戏中的角色制作简陋，谁都知道不是真人，因此无须担心。"但随着技术的发展，图像会变得更加精细化，特别是随着 VR 等设备的发展，更会变得真实到人无法将其与现实相区分的程度。虽然是游戏，但像电视剧《西部世界》一样，玩家向外表等特征与人极为相似的机器人开枪，并随时要完成抢劫等任务，这难道真的不会对玩家的性格产生影响吗？

一直以来，我始终认为在游戏中个人的压力和暴力性会被消耗，因此能够抵消人们在社会上散发的负能量。在街机游戏 *Bubble Bobble* 的最后阶段，当国王出现时，玩家可以对其进行无数次的泡沫射击，并将其锁在泡沫里面。这是一款具有童话想象力的游戏。过去的游戏在画面上缺乏真实感，而真实感是决定玩家体验的重要因素之一。人通过五感产生真实感，影像、音效、物理元素与现实越相似，人的体验感就越强烈。游戏正在朝着向玩家提供越来越强的真实感的方向发展。在游戏中，当人们佩戴 VR 设备而无法将游戏画面与现实区分时，如果玩家在某一款游戏中的任务是"在狗狗跑过来时开枪将其杀死"或者进入小说《西部世界》的游戏中寻找快感……那么我对游戏的暴力性影响将会有不同意见。

这与我一直以来所坚持的"游戏可以消耗暴力"的观点是完全相反的立场，有些人可能会感到有些混乱。当然，在目前的 2D 和 VR 游戏水平上，只要制作的游戏符合玩家的年龄、遵守相关的伦理标准，就应该没有太大的问题。但是，随着技术的进步，当无法与真实区分的游戏世界得以实现，其可能会导致年幼的学生随意使用暴力才是问题所在。有人可能会反驳说："如果是这样的逻辑，体育也有同样的问题。"但是，青少年学习综合格斗并不会让所有人都变得暴力。综合格斗不是"乱打"，而是有一定规律的运动。如果游戏公司为了商业性摈弃综合格斗，把胡乱打斗制作成真实的游戏，这不仅对孩子，对大人也将会造成极为不良的后果，因此我们一定要提高警惕。

附录

你的游戏人类级别

现实世界和游戏世界的界限将会逐渐变得模糊，未来的机会就藏在游戏里，头部企业也开始投资游戏，那么你的游戏适应能力是什么水平呢？下面就让我们通过游戏人类等级测试来了解一下吧。

①我在《迷魂车》（*Rally-X*）、《守望先锋》（*Overwatch*）、《英雄联盟》（*League of legends*）中，能清楚记得其中一款游戏的背景音乐。

②我至少拥有一台电子游戏机（Switch、Xbox、PlayStation 等）。

③我用自己的钱购买过游戏，或者在游戏中花过钱。

④我家有三种以上的棋牌游戏。

⑤我和年龄相差十多岁的人一起玩过游戏。

⑥我一个月至少要和家人一起玩两三次游戏。

⑦我曾通过电视、YouTube 等方式浏览并观看电竞直播。

⑧我知道一个名为 Faker 的人的职业是什么。

⑨我可以立刻说出以字母 N 开头的我国三家游戏公司的名字。

⑩我有时候会找一些游戏音乐听。

⑪我非常支持我所在地区的博物馆收藏和展示游戏。

⑫我看到把兴趣说成是玩游戏的人不会觉得奇怪。

⑬如果在报纸上看到一个在物理教学中使用游戏的老师，我觉得他超酷。

⑭我认为名牌时装企业制作游戏后免费让玩家玩游戏的原因不难推测。

⑮我想过把自己正在进行的工作或学习与游戏活动结合。

（回复"是"的个数加在一起就可以知道你的游戏人类等级了）

①13～15个：5级，靠游戏生活的游戏人。

②10～12个：4级，了解游戏的智人。

③7～9个：3级，了解游戏的南方古猿。

④4～6个：2级，了解游戏的类人猿。

⑤0～3个：1级，记得游戏的三叶虫。

游戏处方

让我们试着把回答"否"的项目改为"是"。首先登录世界上最大规模的电子游戏软件平台store. steampowered. com，购买便宜的游戏试一下吧。购买新出的游戏和父母或子女一起玩也是一个不错的选择。把"不行"改为"可以"，即使只改变一半，也是非常大的变化。

03

游戏的蝴蝶效应

学习越差，越要让他玩游戏

可以改变课堂规则的游戏

曾在苏联专利局工作的发明家根里奇·阿奇舒勒（Genrich S. Altshuller）建立了一种创意性解决问题的理论——特里兹（TRIZ）。他分析了上万件专利，发现发明也存在普遍性的原理，并认为创新需要更好、更高效的工具。他在之后 50 多年的时间里，通过分析全世界的专利，摸索并总结出了发明的原理和类型，并制定总结了创意性思考的程序，这就是特里兹理论——定义一个给定问题所能得到的最理想的结果，找出趋近这个结果将会面临的矛盾点，并找到解决矛盾的方法。

人们通常认为改变世界的伟大发明的诞生，是发明者天生的潜能在某一天突然爆发的结果。特里兹理论试图将人们头脑里的这一认知转变为这是任何人都可以掌握和增进的一种创造性思维。学习也是这样的吗？

有一所小学，学生上课注意力不集中，教师就思考如何把学生最开心的时刻带到课堂上。于是乎，教师将一种游戏形式的授课方法引入课堂。学生的注意力似乎比平时高很多，课后教师询问了学生对新授课方

式的感想和意见。令人意想不到的是，很多人回答说："能和学霸交朋友很开心。"在学校，学习好的学生、学习中等的学生和学习不太好的学生之间存在着一道无形的墙。学习不太好的学生认为自己无法融入整个班级。也就是说，他们认为学习成绩不好的孩子和学习成绩好的孩子不是同一个层次的，他们无法同学习成绩好的孩子建立联系。

打破成绩壁垒的简单方法

熟悉新事物最有效的方法是直观感受。当人们学习新事物的进展不如意时，不妨参与模拟体验，并用视听资料进行说明。我们在很大程度上是通过解释来间接了解世界的，但是游戏是可以亲身体验的世界。它并不像有些人担心的那样危险，也不会花费太多金钱。

游戏的操作方式与课堂不同，课堂是按成绩排序的，但大多数游戏在设计上都不会对特定玩家有利。因此，玩家可以公平地取得相似的成绩。对于将游戏的形式引入课堂我是举双手赞成的。如果能像玩游戏一样学习，孩子之间就会产生亲密感——除了玩游戏和学习之外，还会聊其他的话题。玩游戏时，通常不会只有某一个人能玩得特别好并一直能赢，而是大家轮流获胜。因此，即便是学习成绩不好的孩子也能意识到自己有擅长的事情，同时还能为他的自尊心充电。一个学习好的孩子很少会因为输了游戏而感到气愤或委屈。同时，成绩差的孩子也会发现成绩好的同学并不是特别的存在，从而恢复自信心。这样一来，原本被成绩区分的两组孩子，在玩游戏的过程中会变得彼此亲近，因而之后在学习方面的帮助和交流也变得更加容易。这就是学习越不好，越要让孩子玩游戏的原因。

只能记住考试成绩第一名的世界该结束了

我在读初中二年级的时候，我的班主任经常说"你们玩的时间太少了"，并会给我们留出一些自由时间。在这个时间里，我们可以在操场上踢球，也可以在音乐室玩乐器。虽然当时没太大感觉，但现在回想起来，班主任让我们自由活动期间，学生们之间因学习形成的隔阂好像也消失了。大家变得熟络之后，一起学习或者互相请教问题也变得更加方便。在这之前，我的同班同学也不自觉地根据成绩或者其他原因形成优秀—落后这种上下型的关系或圈子，而游戏对这种垂直关系有横向调整的效果。

成年人对孩子犯下的一个严重错误就是，他们让孩子们用学习成绩的好坏来评判他们的朋友。虽然有学习成绩第一名、善良第一名、玩游戏第一名、画画第一名、运动第一名等多种多样的判断标准，但学校的排名还是以学习为主。也很少有大人告诉孩子，其实只是大家擅长的事情不一样而已。课堂上不应只用成绩来衡量孩子，而是要让孩子们明白"各有所长"的概念。只有这样，学习不好的孩子也能充满自信地完成自己的人生；而学习好的孩子也能放弃用具有偏向性的精英意识去支配他人的想法。

成绩好的孩子如果没有幸福感，也会容易陷于危险的状态

学习好不等于不玩游戏。"学霸"们通常学习积极性非常高，因而他们有足够的动力去做大量的功课。然而，学习后会出现两种不同的情绪状态。即有的孩子会感到焦虑，而有的孩子会很开心。孩子的这些情绪状态很容易被父母忽视。学习好且快乐的孩子是无须担心的。不过，

成绩排在全校前两名却满脸愁云的孩子，就需要注意了。他们的自我学习积极性高，学习会非常努力，因而能够名列前茅，倘若一不小心出现变数，可能会导致其学习积极性下降，这样就容易出现问题。若他们出现了想要彻底"躺平"的心态，其实就说明他们已经精疲力竭了。

当人感到精疲力竭时，会本能地寻找"避难所"。而游戏因其易接触性，是孩子最常见的"避难所"。若他们选择抽烟喝酒，则是更糟糕的情况，而最糟糕的情况就是离家出走。其间，完全没有察觉到孩子情绪状态变化的父母，可能会将责任归咎于玩游戏：因为玩游戏，孩子的成绩下降了。在责怪游戏之前，父母应该先确认一下孩子的人际关系是否发生了变化，要明白重要的不是孩子学习好，而是孩子是否拥有幸福感。如果孩子是因为父母的强迫和监视不得不把自己的全部精力投入学习，反而可能出现危险的状况。

我经常会遇到有父母说"我的孩子不玩游戏"。那么真相是什么呢？要么是父母太不了解孩子了，要么是孩子除了游戏还有其他更喜欢的爱好。如果玩过无数游戏，却没有发现一款有趣的游戏，这是不可能的。大家可不要小瞧游戏公司。世界上有无数的游戏公司，每年都有各种各样的游戏问世。因此就算是极端小众取向的人，不喜欢大众喜欢的游戏，但如果能接触各种各样的游戏，总会对一两款产生兴趣。如果玩了上百款游戏，却没有一款能引起自己的兴趣，那反而可能是此人有些不正常。父母要看孩子是不是陷入了抑郁情绪，表现出什么也不想做的状态。如果不是，他很可能找到了比游戏更有趣的东西。可能是追星，也可能是沉迷于音乐、美术或运动。当然也有可能是遇到了其他问题。

偶尔我也会遇到一些孩子，他们说自己和朋友们一起玩过这样那样的游戏，但并没有产生什么兴趣。我问他们休息的时候会做些什么，有的孩子回答说画画或弹吉他。当他们被问及成为音乐家或画家是不是其梦想时，得到的回答则是"只是因为有趣才做的"。这些没有特别的目的，在兴趣中寻找快乐的孩子并不奇怪。这些孩子所追求的正是弗里德里希·冯·席勒（Friedrich von schiller）所认为的人类本来的自由美，他们非常酷。守护这些帅气孩子的幸福感是我们大人的责任。希望有更多的孩子能生活在幸福快乐之中。

游戏不应该是奖励

坚持学习需要激励

我之前参与过教育公司的电子书籍开发项目，该公司就其事先设计好的书籍内容向我征求意见。他们打算将畅销的童话书、音乐及汉语资料全部收录于电子书中，但内容的排版和设计与纸质书并无明显差异。刚开始，大家对电子书这种新鲜事物会充满好奇，但这种好奇心一定会很快消失。他们还在电子书内植入了一些小程序，用户在学习达到一定程度后，作为奖励可以玩 10 分钟游戏。电子书设计人员认为孩子们会为了玩游戏而努力学习，但这完全是错误的设计思路。

让孩子们能持续学习的核心是赋予其"动机"。动机分为内在动机和外在动机。内在动机是指纯粹的好奇心或能引发我们主动追求快乐和满足感的内在需求；外在动机是指得到他人的认可或者报酬之类的外在回报。"完成规定量的学习后，可以让你玩游戏"，这句话包含了"学习是很辛苦的，如果能坚持，作为外在补偿可以允许你玩游戏"的信息。倘若习惯了这种模式，原本喜欢看书的孩子如果不给他们时间玩游戏，也不会看书了。这被称为过度正当化效应（over justification effect）。

游戏不应该是奖励

20 世纪 70 年代曾有人做过一个实验。实验形式是让孩子们画画，在他们画完一幅作品后，作为奖励，他们会分别得到一块糖果。但从某个时刻开始，孩子们画完后就不再给糖果了。结果就是原本喜欢画画儿的孩子也不再画画儿了。因为之前他们画画儿能够得到糖果的奖励，所以不是因为喜欢而画画儿，而是为了得到糖果而画画儿，他们的思维结构因而也发生了变化。游戏应该被用来引发人的内在兴趣，而不应该被当作外在奖励，这是游戏设计应用的原则。当游戏成为外在奖励的那一刻，游戏和教育都很容易因此被毁掉。

"做完 10 张练习题，可以让你玩 1 个小时的游戏"，"如果不去补习班，今天的游戏时间就没有了"，我们经常会见到这种把孩子们的"渴望的对象"和"回避的对象"捆绑在一起提出建议的情景。如果类似的情景反复出现，孩子就会认为"游戏 = 好东西，学习 = 坏东西"，最终在他们心中学习就会变成是妨碍他们玩游戏的东西，从而更加抗拒学习。孩子会将不能玩游戏而产生的愤怒全部归咎于学习。随着时间的推移，他们会变得更加渴望玩游戏，更加厌恶学习。

当孩子们年级越高，需要做的功课越多，学习时间会变得越来越多，游戏时间则越来越少。如果习惯了上述将游戏作为外在奖励的激励方式，孩子们并不会认为是自己年龄大了，学习能力提高了，而是会把游戏和学习捆绑在一起，对两个条件之间出现了不均衡而感到不满。孩子们无法理解为什么奖励越来越少，任务却越来越多。这样下去，就像 20 世纪 70 年代的实验一样，到了高年级，如果孩子没有了游戏时间，他们可能就干脆不学习了。

职场人的动机是工作的价值

成年人在公司应该都经历过类似的事情："只要顺利完成这个项目，我就给你奖金"，"虽然会很辛苦，但只要外派 3 年，我就给你升职"，等等。像这样，公司对员工工作结果的奖励经常是以加薪或职务晋升的形式。这里省略了重要的环节，即没有说明：①员工成功完成困难的项目后能有多少收获；②该工作会让自己远离家人和熟悉的环境 3 年，在陌生的地方执行任务，是否有价值等。加薪或职务晋升只是个人可能获得的多种结果之一。省略那些中间环节的原因很简单，因为中间环节很复杂、空泛，所以公司一般只想用人们喜欢的补偿进行交易。员工很容易忘记中间省略了的巨大价值，会从加薪或职务晋升中找到工作理由。然而，当下工作的价值才是最重要的。任何组织的领导者都有义务向成员们解释这些价值。

改变说服框架

同样，对孩子来说家长不应该把游戏作为学习的奖励，而应该和他们探讨学习的价值。对于需要刻苦学习的理由，人们通常会以"学习好就可以成为优秀的人"为说服框架切入。要想成为一个优秀的人，必须毕业于好大学，找到一份好的工作。这话并没有错。但这只是反映了父母的欲望，并未从孩子的角度来说明"学习好"具体是怎么个好法。父母们应该对孩子们详细说明学习对他今后想做的事情、对他生活的世界有什么积极的影响。

如果孩子的父母觉得有必要学好数学，最好放弃"学好数学，才能去首尔大学当医生"的说服框架，向他解释数学在现实生活中的用途。

父母可以对孩子讲述改变世界的数学家的故事，也可以讲述自己在工作生活中是如何活用学生时代学到的数学知识来解决现实问题的故事。如果孩子的梦想是像游戏中击败坏人的主人公一样成为英雄，那么让我们来谈谈孩子成为英雄以后会如何改变世界吧。无论是近期即将到来的变化，还是远期未来的价值，这些都需要告诉他。我们需要改变关于"为什么要学习"的说服框架。

尊重"个人兴趣",竟然只把读书当休闲!

对孩子们来说,阅读是学习的延伸

看到不学习却总是玩耍的孩子,父母努力压抑的愤怒指数就会上升。最糟糕的孩子是那种一边学习一边玩游戏的。不知道是孩子一有空就玩游戏,还是每次玩游戏都会被父母发现。家家户户的亲子关系都被游戏搞得像东非大裂谷一样分裂。那么,父母究竟希望孩子做什么来打发业余时间呢?令人惊讶的是,不少人竟然表示希望"读书"成为孩子们的业余爱好。

让我们换位思考一下。在公司受到各种压力的父母会通过和朋友聊天来缓解压力,那么为什么要求孩子通过读书来缓解学习压力呢?这并不是说阅读是休闲娱乐的糟糕选择。问题在于父母的态度,比如"书我帮你选,你只管读"。即使是读书,孩子也想看有趣的网络漫画,而父母给他们买的却是厚厚的推荐图书,强迫他们阅读。假如周末父母想看之前没看完的电视剧,但这时孩子给自己买了莎士比亚的四大悲剧或者古代文学典籍四书五经,并跟父母说"边读书边休息",家长的心情会如何呢?而这种荒唐感正是孩子听到家长对自己说"边看书边休息"

这句话时的感受。

闲暇时间应该做自己想做的事。当然，就算再喜欢，所有业余时间都用来打游戏也是个问题。如果你不想让自己的孩子变成一个只玩游戏的孩子，那么除了游戏，父母还要与孩子一起找到孩子喜欢的东西。也就是说，像游戏的"完成任务—得到反馈—获得奖励"的结构一样，为了让孩子自行选择任务，父母要给出各种各样的提示（就像游戏中的NPC一样）。

世界上的坏书也很多

书就一定是安全的吗？与游戏相比，书是历史更悠久的媒介，因而内容不健康的书籍的数量肯定比不健康的游戏要多得多。如果孩子隐瞒年龄，他们可以轻易在网上书店找到不健康的书，也可以在网络社区轻松接触到不健康的书。绝对的安全地带是不存在的。书也和游戏一样，好与坏并存。

我曾以上班族为对象进行过题为"领导能力是从哪里学到的"的在线问卷调查。针对这一问题，我提出了包括领导力相关书籍、领导力课程、领导力研修班等10个选项。调查结果分别按以下顺序排列：职场中遇到的好领导、职场中遇到的最糟糕的领导、在职场中扮演领导的角色、与朋友的关系。更多人的结论是"不是通过书本或课堂，而是通过经验学到了领导能力"。

人在经历中学习和成长。毫无疑问，书籍是传达基础知识最有效的媒介。而游戏则是增加体验的媒介。游戏形式的体验对软技能、价值观和哲学传达的效果要好得多。学习并不是只能通过书本来进行的。我们主张将游戏积极用于教育的理由也在于此。因为通过游戏人们可以直接进行类似亲身体验的模拟或角色扮演。

阅读和游戏的分散投资

父母为何以读书好的孩子为荣？很可能是被自己曾经学习过的东西洗脑了。我们可能从小就接触过无数次这类说服框架：学习好才能成功，成功才能过上好日子。要想成功就必须学习，并且我们长期以来把学习等同于读书。而这是一种固化的思维方式。不是说不要读书，但只知道通过阅读来消遣并不可取。

据说阅读可以丰富人的想象力。因为电影和电视剧等影像媒体留给人的思考空间较少，会限制我们的想象力，而读书可将字里行间的意义在脑海中形象化，因而每个读者都可以构建不同的想象世界。我认为这个说法半对半错。

曾经有人做过一个有趣的想象力实验：一个人坐在有人推着的轮椅上看外面，另一个人在屋子里面对着墙在跑步机上跑步。而这两个人究竟谁的想象力更好呢？意外的是，结果显示后者更好。这是因为虽然大脑在人体中所占的体积很小，但随着身体的移动，大脑也会变得更加活跃。而在轮椅上看风景的人被禁止自行移动身体。通过这个实验发现，比起静静地坐着获得视觉信息，即使没有视觉信息，移动着身体的大脑会更加活跃。只看父母挑选的书，就等于让孩子坐在轮椅上并推着他们一样。如果想培养孩子的想象力，就应该给孩子创造一个可以玩耍的环境。

既能读书又可以玩游戏固然好，但游戏由于其更刺激、更直观的特性，孩子往往在接触游戏的瞬间就不想读书了。这个时候，帮他们找到"好游戏"也是父母的责任。如《歌剧魅影》《杰克与海德》等根据同名小说改编开发的手机游戏。玩这种游戏，自然也容易对小说产生兴趣，当兴趣发展成好奇心时，孩子就会自己找书来阅读。

和父母一起玩耍时的快乐孩子

在研究游戏的过程中，我通过不同的渠道接触到了不同层次的人。实际上，对游戏有最负面认识的是那些根本不玩游戏的人。我们试想一下，自己有没有把游戏当成无关紧要的东西不予理会？每次和那些担心孩子沉迷游戏的家长交流的时候，我都会问家长有没有和孩子一起玩过游戏。大多数人回答说："我不喜欢游戏。"这是一个陷阱。有时候人表达出的情感并非自己的真实情感。这其实是人自我保护的表现之一。如果仔细观察他们"不喜欢游戏"的这种情绪，会发现这往往是他们恐惧游戏的表现。因为陌生，所以才会害怕。因为恐惧是一种羞愧的情绪，所以不愿承认自己软弱的他们，将其转换为"取向问题"，代之以回答"不喜欢"。预防孩子沉迷游戏的最好方法其实是父母和孩子一起玩游戏。

在芬兰，政府每年夏天都会举办"电脑节"（Assembly Festival）。这是一个大家聚在一起玩自己想玩的游戏来消磨时间的庆典，活动的高潮是父母在子女的指导下参加的"父母游戏大赛"。这在韩国是很罕见的景象，但在将游戏视为一种文化的芬兰是很自然的事情。对于数字原生代的孩子们来说，游戏与其说是爱好，不如说是日常——比起在电视上"刷剧"，他们更习惯用手机享受 OTT①（Over the Top）；比起漫画书，他们对网络漫画更熟悉；比起和朋友聚在运动场上一起玩，大家一起玩手机游戏也许会让他们更容易感到快乐。我们不要拒绝这种巨大的潮流，甚至试图逆潮流而动。我建议父母先去玩一玩游戏。父母要做的并不是把孩子和游戏分开，而是指导孩子正确地玩游戏。

---

① OTT：通过网络向用户提供电影、电视剧等各种影像的服务。

"同伴学习"在游戏中的效果非常明显。如果我有 10 个朋友在玩某款特定的游戏，就像赶潮流一样，我也会很想玩。由于不管是和家长还是和老师聊天，游戏都不可能是谈论的主题，因此孩子对同龄人之间交流的信息会更加敏感。"和孩子一起玩游戏"，这句话即使让人感到有些压力，也建议家长尝试一下。就像读完书后与你的孩子谈论读书笔记或就书的内容进行交流一样，与他一起聊聊游戏，这样才能保护孩子免受无视游戏者年龄的刺激性故事、图片或广告的伤害。如果觉得亲自玩游戏有困难，也可以通过 YouTube、Twitch 等观看游戏节目。

首先要改变的就是教室的结构

19 世纪初期在德国设立的大学是现代大学的雏形，因此现代教育的历史只有 200 多年。然而当时教育的形式还保留在今天的课堂上，即教室前面有一块黑板，一名教师站在黑板前面，学生坐在座位上看着老师。这种教室排列是一个人向很多人单向传达知识的结构。这也是把效率视为最高价值的工业革命时代的产物。

让我们把时间倒流回古希腊。在当时人们都坐在广场上讨论的教学场景中，很难区分出教师和学生。朝鲜时代的教育场景也是如此。世宗大王经常举行比赛。国王作为教师布置阅读书籍的任务，并就特定主题展开集体讨论。比赛时选手不分地位高低，平等地进行。甚至以"国王的意思"为由，对那些即使有不同意见，却不反驳的学生进行惩罚。想起当时，不免让人觉得现在的学校反而退步了。当下，第四次工业革命正在进行中，我们在谈论培养符合时代发展的新人才、创造性人才的同时，却仍在坚持 200 年前的教室形态，这实在令人遗憾。

游戏的蝴蝶效应

德国诗人、剧作家弗里德里希·冯·席勒在《审美教育书简》中说："人同时具有多种感官的、物质的欲望和理性的、道德的欲望。"①人类同时拥有感性冲动和形式冲动，能够协调两者的就是"无目的的游戏"。在玩游戏的过程中寻找自己的感性，以此为基础控制本能，也是一种游戏。游戏能够控制人追求既现实又理想的东西的想法。

对我们来说，玩游戏的目的是休息，但它也是成为一个完整的人的重要手段。我有个朋友日语说得很好。不仅是旅行日语，他还能看没有字幕的电视剧或者漫画书，被朋友们称为"日语达人"。他学习日语的方法很有意思。他的日语教科书是一本漫画书。日本流行文化能够通过合法渠道在韩国国内发行是从 1998 年才开始的。在我们的学生时代，要想买到日本漫画书，必须得去首尔清溪川的旧书街。但从那里买到的书并不是正版进口书，书上也没有译文。也就是说，这个朋友为了理解自己喜欢的漫画内容而开始的学习最终使他成为"语言达人"。游戏也是如此。即使不懂语言，粉丝们也能尽情享受没有韩国文化痕迹的日本

① 席勒. 审美教育书简［M］. 冯至，范大灿，译. 上海：上海人民出版社，2003.

或美国游戏。当他们尽全力理解他们所喜欢的游戏时，他们的语言水平也会有所提高。

在一所高中里，学生的学习目标不是上大学，而是顺利毕业。学生在学校内外发生的事件或事故接连不断，教师常常要花费大量的时间帮闯祸的学生善后，而不是教他们学习。因为这些学生对学习不感兴趣，所以他们的学业成绩也不太理想。我曾经在那所学校做过演讲。神奇的是，"delete""command""restart""general"等几个英语单词全校学生都认识。这是游戏中经常出现的用语。有一位教师一直对如何提高学生的学习积极性而感到苦恼，后来他编写了一本《游戏用语词典》。该词典只收集了游戏中的英语单词并编写了一个词汇表，加上单词的释义，以及曾出现过这些单词的游戏解说。据说学生对这本词典的反响非常好。本该背诵的乏味英语单词，在与游戏联系在一起的那瞬间，就变成了趣味生活必要的说明书。

降低学习门槛的游戏

学习就像滚雪球。不管你是因为什么原因开始学习的，只要具备了基本功，进入下一个阶段就变得容易了。我在教育中使用游戏也是出于这个原因。在我所讲授的课程中，"工程经济学"（engineering economics）是学生不喜欢的一门课。这门课需要学习一种用来计算利率或收益率的数列。新学期开始后，我在第一堂课上讲述了学习数学的正当性，学生对此的反应不冷不热。他们反问道："工科学生为什么要学这个？"在经历了几次失败后，我改变了上课方式。如今，"工程经济学"的第一课不是从讲述开始，而是从游戏开始。玩与钱有关的游戏，学生自然会通过游戏理解数列的基本概念。如果他们理解了，就会对更多内容产生好奇心，进而就会对学习的过程产生兴趣。人们不喜欢某个事物的原因之一就是对其完全不了解。稍加了解，就会容易产生兴趣。

当然也有与我持相反立场的教育学家。教育学的主张是，想引发学生的学习热情，要先告诉他们"为什么要学"，说明学习的意义。只有充分理解了意义，学生才会投入。但是解释意义真的很难。我是应试教育的一代，卷子上的错题有一半都是历史题。学生时代，我对历史深恶痛绝。因为要背的东西很多，教学进度又很快，我自己也搞不清楚背这些内容的理由。当我问老师为什么要学历史时，反而被老师说成是叛逆。虽然我现在理解了学习历史的理由，但在当时，稚嫩的我实在无法理解这些逝者的故事对我的生活有什么帮助。如果那时的我能像现在一样理解学习历史的原因，相信考试成绩也会好很多。

与学生分享学习的意义非常重要，因为这直接关系到学习的效果。但是，学生越小，就越难向他们传达正确的意义。在这种情况下，游戏是一个有用的工具，可以提高他们对困难主题的投入度。

2018 年，江原大学产业工程学专业和科学教育专业研究组针对"利用游戏化内容的科学课程对学习者的学习动机是否产生积极影响"这一课题，合作进行了实验。有 170 名小学生和 111 名中学生参加了名为"科学升级"（science level up）的科学教育游戏实验。结果发现，在教育环境中应用游戏化内容能够刺激学习者的学习兴趣；体验新学习环境能够刺激并提高学习者的学习动机。分析认为，改变信息的传达方式可以激发学生的学习动机，对其自发学习能产生积极的影响。

在玩耍中梦想未来的游戏

将游戏运用到教育中的原因，一方面是因为学生会更容易投入学习，以此获得更好的学习效果；另一方面是因为学生可以通过游戏提前体验社会。"大富翁"（Tycoon）是游戏的一种类型，通常是指模拟经营的游戏。大富翁游戏里有各种各样的职业。我们可以在游戏里盖楼或做生意，还可以经营咖啡馆、餐馆、棒球队、主题公园。通过游戏我们既可以熟悉房地产的概念，也可以模拟投资股票。对于这些东西的体验，游戏比现实世界安全得多。

也有像我一样，在玩《刺客信条》（*Assassin's Creed*）的时候，因迷上了游戏中出现的中世纪时代的图案，因而想学习建筑的孩子。《刺客信条》的画面充满魅力，深入接触后，甚至连成年人都会产生换专业的困扰。因为其中涉及历史的内容都经过了严格的考证，所以玩游戏的时候玩家会有一种在那个时代旅行的感觉。游戏任务常常被抛在脑后，玩家们享受这种像乘坐时光机回到中世纪的欧洲的感觉，如同旅游一样玩游戏。实际上，该游戏的开发公司为了呈现令人信服的故事情节和真实感十足的画面，在历史考证上也下足了功夫。

2019 年，巴黎圣母院屋顶起火，其尖塔及周边全部倒塌时，有人说可以向《刺客信条》的开发公司育碧（Ubisoft）求助。因为该游戏的呈现效果非常出色。虽然不知道育碧是否真的提供了 3D 扫描资料，但它当时向巴黎圣母院捐赠了 50 万欧元，并免费向玩家开放了体现法国大革命时代的《刺客信条》游戏。

© frontier. co. uk

© google. play

图3-1 "大富翁"是一种模拟经营类游戏

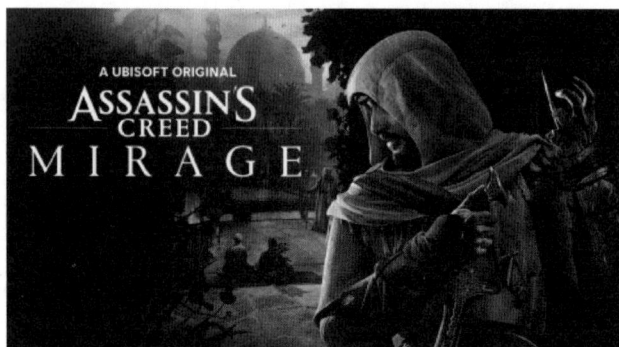

© ubsoft. com

图 3 – 2　经过严格考证的游戏《刺客信条》让人感觉
像是乘坐时光机回到了中世纪的欧洲

《刺客信条》虽然是一款不错的游戏，但对于孩子们来说过于残忍的内容较多。如果有人想推荐给孩子，最好购买把游戏主人公"刺客"替换成"旅行者"的版本——发现模式。

游戏素养——与过去不同的人才选拔条件

未来，人类将不得不与人工智能共处。因此，成为人才的条件也发生了变化。人要像掌握外语一样掌握与机器对话的语言，还要熟悉人工智能和编程，以便能够控制或制作机器。游戏是一个很好的学习工具，让人可以在不枯燥的情况下学习这一切。积木形式的电子游戏《我的世界》，顾名思义它就是一个采矿和创作的游戏。在由积木组成的世界里，玩家可以建造房屋、建设城市、耕种或打猎。搭建建筑的过程与乐高（LEGO）积木并无不同。问题是搭建积木需要的时间太长。一个小木屋是可以的，但当你需要建造一个大城堡并修筑城墙时，可能会觉得有点无聊，因为这需要无数次地重复同样的工作。这时使用《我的世界》

内的代码构建器就可以自动砌砖了。如果玩家在这个过程中自然习得了
编程语言，他就不用专门去上编程培训班了。

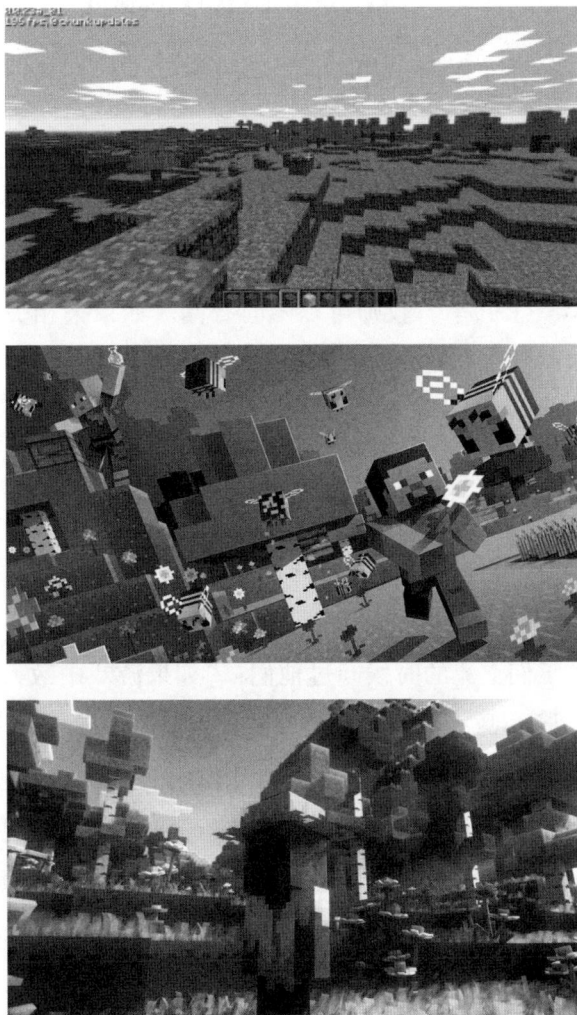

◎《我的世界》官网

图 3 - 3　游戏界的乐高——《我的世界》，在这个游戏中，你不仅
可以建造房屋、狩猎、耕种，还可以自己制作游戏

对于"游戏素养",即游戏的读写能力有多种解读。其中一个解读是我们不仅要掌握游戏的表面内容,还要理解游戏所包含的文化内涵并创造含有新价值的活动。这也意味着通过游戏读懂世界,通过世界审视游戏,"阅读游戏"就是"消费游戏"。"游戏素养"这一概念提出的时间并不长,相关教育项目的开发也不尽如人意。

在韩国,"游戏素养"的开发主要由文化体育观光部负责,但实际在教学中的利用率似乎较低。在过去的 3 年中,他们将"游戏素养"在教学中的应用情况拍摄成视频,并在韩国文化产业振兴院网站(gschool. or. kr)上共享。教师可以随时查阅。如果把相关网站展示给教师们看,他们常常会问:"为什么自己的学校没能拍出这么好的宣传视频?"虽然学校都收到了相关内容的公文,但很有可能是他们认为重要性较低而没有及时传达出去,之后就彻底抛诸脑后了。

希望有一天像讨论读书一样讨论游戏

我在和孩子们交流的时候问过他们:"如果游戏中敌人一出现就会被开枪打死,那么敌人是从哪里来的呢?""你为什么认为它攻击了你?"等等。大多数孩子答不出来。因为他们从来没有想过这些问题。当然游戏中有故事,但是比起无聊的故事,精彩的动作戏更重要,所以玩家常常会跳过故事,因此他们也记不清楚故事情节。要想成为一个成熟的游戏用户,我们也必须思考那些动作之外的故事,也需要大人同孩子一起玩游戏并能够向孩子提出问题:如果现实中发生类似的情况,你会怎么做?也就是说,游戏并不是玩完就结束了,学校或家庭要给予适当的引导来让孩子通过游戏产生一些思考。

对于其他媒介,尤其是像书籍,阅读后孩子可以就内容在学校或在家里与他人进行讨论和交流。而对于游戏来说，孩子能够交流的对象只有同龄人。比起游戏背后的故事，孩子们之间主要聊的是能让游戏玩得更好的技能。因此如果能跟孩子讲述并探讨游戏背后的故事或者游戏本身所蕴含的人文元素及相关内容，会对孩子们非常有益。这样一来，由孩子们熟悉的人气视频博主或主播来制作这类内容，效果应该会很好。如果这些内容还能够与父母或老师一起分享就更好了。

希望大人们喜欢看的《申师任堂》、金美京 TV 以及 *Syuka World* 等 YouTube 频道或《改变世界的时间》、*Differential Class* 等电视脱口秀节目中能够多一些与游戏相关的主题。以孩子们为对象进行游戏直播的 YouTube 博主们，不要只播放刺激性的游戏场面，还可以通过游戏来亲切地、轻松地讨论"如何看待世界"这一宏大的话题。我认为这才是创造双赢且保持内容能够经久不衰的方法。

玩游戏也要讲究时机

游戏是一种休闲方式，而不是对学习的奖励

让孩子与游戏完全分离是不可能的。意识到这一点的家长无奈地问道："孩子在学习之前玩游戏比较好，还是在学习结束之后玩游戏比较好？"首先，游戏会留下视觉残像。视觉刺激越强，视觉残像就会越长，它会干扰人的其他记忆。因此，"先游戏、后学习"是危险的。大脑已经因为玩游戏消耗了太多的能量，脑子里充满了游戏留下的视觉残像，孩子的学习效率必然会降低。那么，"先学习、后游戏"行不行？在讨论这个问题之前我们需要先了解一些情况。

我在和孩子们交流的时候，他们都表达了一些不满，因为他们从学校回到家之后是不能休息的，要立刻开始学习。但在父母们看来孩子们在回家的路上会和朋友们一起吃炒年糕，去手办店逛一逛，还可以在公交车上一起聊天，这些都是在休息。而孩子们却认为这是在放学路上发生的事情，是学校生活的延伸。因此认为自己不能休息的孩子并不想听到父母催促他们学习的话。对于放学回来的孩子来说，在开始学习之前需要一点时间休息。在这种情况下，父母必须明确地向孩子传达出这样

一个信息："现在可以休息，但是过一会儿必须开始学习。"

假设把玩游戏的时长定为每天 2 小时，最好在开始学习前给孩子留出 30 分钟的自由时间。在这段时间内孩子可以玩游戏，也可以看 YouTube，或者做其他感兴趣或爱好的事情。并且家长要按照约定，在学习之后，给孩子留出休息时间。这时家长不要忘记的是：游戏不能成为学习之后的补偿。要强调玩游戏是为了放松休息，而不是对学习的奖励。家长要表达出"会在学习前后给孩子各留出一段休息时间，如果孩子愿意，他可以在那段时间玩游戏"的信息。如果这样，休息时间最好和孩子商量后再决定，同时家长最好和孩子一起找到孩子感兴趣的爱好，不要让孩子把所有的休息时间都花在玩游戏上。

相反，也可以反向利用游戏后的视觉残像。比如对于上班族来说，在被上司大加责怪之后玩游戏有利于控制其愤怒情绪。即使是像《俄罗斯方块》（Tetris）和《敲砖块》这样非常简单的游戏也没关系。在玩游戏的过程中，大脑会被强烈的视觉残像所支配，愤怒的情绪会被后置。回想生气时的回忆强度和频率也会降低，因而其愤怒情绪也会有所减弱。

有没有因为讨厌看到孩子玩游戏的样子而砸过他们的手机？

虽然是和孩子一起商量后确定了休息时间，并对孩子可以在规定的时间内尽情玩游戏进行了妥协，但孩子有的时候还是会不遵守约定。这个时候家长应该先听听他们违约的原因，并对他们的违约做出惩罚。然而，并非所有的父母都能做出正确的选择。

由于无法容忍孩子玩游戏，父母的反应大致分为两种。有的父母会抢走孩子用来玩游戏的智能手机；有的父母想知道是什么那么有趣，想

和孩子一起玩。这两种情况都是父母强烈想要解决问题的表现。如果说有什么不同，那就是父母对与孩子关系的关注程度。重视与孩子之间关系的父母会花很长的时间努力向孩子慢慢靠近，表示"我也想一起玩游戏"，但是无视孩子的想法或认为孩子的想法不重要的父母会擅自做出一些决定。

父母所能做的最强有力的控制就是关掉游戏或者砸掉游戏机。后一种情况就是将孩子和智能手机分开，问题似乎暂时得到了解决。然而这可能会造成更大的问题，即孩子和父母的关系会彻底崩塌。随着关系的逐渐崩塌，孩子会不择手段地继续玩游戏。如果父母曾经因为看到孩子玩游戏而生气地关掉电脑或砸坏智能手机，那么父母应该在第一时间承认自己的错误。奇怪的是，父母对孩子做了错事也不会道歉。

我曾经做过一个关于"失误"的实验。实验分为三组进行面试，观察面试官会聘用什么样的人。在"完全没有犯错的人""回答得很好但最后失误洒水的人"以及"答不出问题并失误洒水的人"当中，面试官们选择了哪些人呢？比起表现完美的第一个人，更多面试官选择了第二个人。面试官认为第一个人完美的背后仿佛隐藏着些什么，相反，面试官认为犯洒水错误的第二个人更有人情味，和自己也会更合得来。

孩子也是一样的。父母想让孩子看到完美自我的心情可以理解，但想要挽回破裂的亲子关系，首先要恢复彼此之间的信任感。父母应该先向孩子道歉："上次因为工作压力太大，好像把烦躁的情绪都发泄到了你身上，很抱歉。"孩子们通常会宽容地接受父母的道歉。承认错误和道歉的行为将大大有助于信任感的恢复。修复关系之后，要重新制定游戏规则。

孩子痴迷网络游戏的原因

一提到"游戏"，人们首先就会想到手机游戏或电脑游戏，但游戏的种类非常丰富。Xbox、PlayStation 等主机游戏和在游戏厅里享受的街机游戏，以及在电视综艺节目中登场的推理游戏、密室逃脱游戏、捉迷藏游戏、棋盘游戏等都属于游戏。引起争议的主要是网络游戏——手机游戏和电脑游戏。为什么孩子们痴迷于网络游戏呢？因为与其他游戏相比，网络游戏更容易上手，而且不需要额外的游戏工具，只要有网络，就会有很多朋友一起玩。

如果小区或社区的休闲空间里堆满了桌游，有可供孩子们舒服地坐下来玩桌游的沙发或椅子，那么孩子们玩的游戏就不一样了。空间的用途是由构成空间的人决定的，现在社区的休闲空间大部分是以成年人为标准设计建造的。因为是公共空间，所以被整理得井井有条，孩子们还会被教导不能在那里吵闹，因此孩子们很难聚在一起玩，他们也只能进入线上空间去寻找各自的游乐场。对此大人们需要反省。

同龄人之间会彼此共享信息，在孩子沉迷于奇怪的游戏之前，像买玩具一样，父母送游戏机也是一个不错的选择。与网络游戏相比，电子游戏的风险较小。玩游戏的时候需要执行任务，获得道具，提高等级。在此过程中，有很多游戏都选择了抽奖或付费结算。虽然看似是打开箱子随机获得道具，但抽奖利用了赌博的规则。通过抽奖很难获得的道具可以用 In-App（在智能手机应用内结算的方式）购买。而游戏机游戏则不需要将这些机制纳入其中。与持续更新的网络游戏不同，游戏机游戏在光盘上市的时候故事就已经完结了，因此剧本或游戏设计非常系统。因为这类游戏的时长被设定好了，所以孩子能够很容易地遵守与父母约定好的游戏时间。

成为关注并监管孩子玩游戏的智能控制器

从老顽固变成"英雄"

在韩国《绝地求生》游戏的顶级玩家中,一位70多岁的老爷爷位列其中。一次偶然的机会,我得以与他交流,我问他:"你为什么会选择玩游戏?"原来这个爷爷是青少年咨询所的所长。工作过程中他只有和孩子们进行有效沟通,才能了解他们的苦恼和困扰,但可能是因为年龄差异,孩子们不会轻易打开心扉,咨询也无法顺利进行。于是,为了找到共同点,他平时格外留意孩子们喜欢什么。他说:"我发现几乎所有的孩子每天都玩游戏,并且大部分孩子都是《绝地求生》的玩家。为了能和孩子们有更多共同话题,我特意开始玩这个游戏。虽然在面对快速移动的画面和无法适应的画面时会出现晕车一样的感觉,我还是努力克服并坚持玩下去。自从进入了顶级排行榜,咨询室的'老顽固爷爷'突然成了《绝地求生》中的英雄。"孩子们这才认为爷爷"具备了可以对话的资格",并主动开始与他交流。

在责备沉迷游戏的孩子之前,家长应该先试着去理解他们。当然,这并不意味着所有人都要像咨询所所长一样做出如此极端的努力。但是，家长至少要知道孩子沉迷了哪些游戏，他们喜欢哪些要素，这样才能保护孩子免受危险。

© pubg. com

图 3 - 4　PK 游戏《绝地求生》——在一个孤岛上，最多可容纳 100 名玩家利用各种武器和策略战斗直至只剩一人

创造一个适合孩子们玩耍的环境

让我们一起来思考一下孩子沉迷游戏的原因吧。假设孩子每天的休息时间有 4 个小时。这 4 个小时中如果玩 2 个小时游戏，看 1 个小时的 YouTube，那么剩下的 1 个小时他们该做些什么呢？父母应该和孩子一起来思考这个问题。虽然一起玩耍是最好的选择，但如果无法实现，至少给孩子找到可以玩的地方，一个可以让他们休闲放松的环境。即使不

能和孩子一起玩，待在同一个空间里一起做些事情也是可以的。

前面提到的"边看书边休息"这句话。从孩子的角度来说，这种说法是有问题的。如果漫画书或科幻小说等是孩子因为喜欢而选择阅读的，那么阅读父母带着某种期待给他们买的书，对孩子来说只是另一种学习。很多父母都会描绘出自己想要的正面榜样，希望孩子能够配合成长。劝他们读书也正是出于这样的无意识。

在我的孩子们小时候，我经常和他们一起玩积木和棋盘游戏，还会给他们准备乐器。并且，不管未来如何，只要他们有想学的东西，我就会送他们去兴趣班学习。在孩子小的时候一起玩棋盘游戏是最好的。我当时还给上小学的侄子送过几次棋牌游戏。父母常常担心孩子只喜欢玩游戏和看 YouTube，但侄子只要看到我就会提出想一起玩棋盘游戏。因为他的父母都很忙，没有充足的时间陪他一起玩。他每次都会说棋盘游戏比其他游戏有趣多了。因此，也许有些孩子并不是因为手机游戏或 YouTube 有趣而只喜欢它们。

虽然有限制游戏时间的应用软件，但同龄人之间常常会彼此分享超时使用这些应用的方法，因而这种防御墙很容易被打破。要想解决问题，比起达成一个容易被打破的约定，给孩子一个能够尽情玩耍的环境更重要。

躲起来玩游戏更容易上瘾

现在孩子们手里都有手机，从家到学校或辅导班的路上到处都是网吧。因此，对孩子们来说网络游戏很容易上手，而且费用低廉。如果孩子有过一两次因玩游戏被父母严厉批评的经历，他们就会躲起来玩。不幸的是，这些行为很容易导致孩子对游戏的过度沉迷。通常过度沉浸在某种物质或行为中的人都会隐藏自己的沉迷行为。之所以孩子们把问题隐藏起来而不是表现出来，是因为他们知道自己的沉迷如果被发现，周围的人会有什么反应，社会上会有什么样的评价，因而他们就会隐藏与玩游戏相关的所有信息。刚开始因为周围的人的担心或训斥，反复进行某种行为的时候，他们也会感到内疚或犹豫，但如果这种感觉被切断，孩子就会变得迟钝。迟钝是危险的。任何能自信地说出"我的孩子不玩游戏"的父母都应该知道，他们的孩子可能是躲起来玩游戏的，而隐秘的角落是危险的。

如果不能阻止孩子去网吧，那么创造一个可以坦诚沟通的氛围是很重要的。听到孩子说"补习班结束后，朋友们一起去网吧的时候，我也去了一趟"，家长如果也产生"应该很有意思吧"的反应，接下来可能会与孩子聊到"因为去网吧，没能完成功课，你打算怎么办"。不仅是大人，孩子有时候也会违反约定做出错误的行为，他们承认错误不是为了掩饰，而是因为自己想矫正错误的行为。但如果受到了惩罚，那么从那之后他们就没有了倾诉的理由。当他坦承自己的错误时，如果家长没能努力和孩子一起解决问题，而是冲动行事，在那一瞬间，孩子就会闭上嘴。

和孩子分享同样的经历

如果问家长是否知道孩子主要在玩什么游戏，相信会得到绝大部分家长的肯定回答。但如果给他们播放几个游戏的背景音乐，让他们从中挑选，可能很少有人能自信地找到。就像家长虽然知道孩子朋友的名字，却不知道他是什么性格，他们是怎么变亲近的，关系怎么样。父母应该充分了解孩子玩的游戏，这是很重要的。

当家长下定决心要从今天开始关注孩子的时候，切忌让孩子坐下来，用审问般的语气来询问他喜欢的游戏。只有自然地接近，孩子才会坦诚地说出心里话。而且设置观察摄像头 24 小时监视或不敲门就打开孩子房间的门等行为也应该谨慎。孩子不是罪犯。如果像抓犯罪分子一样突然进入孩子的房间，查看他们笔记本电脑的画面，用审问的语气来质问他们，从父母闯入房间的那一刻起，孩子就会觉得父母是侵犯自己世界的坏人。家长进入孩子的房间时，必须先敲门并得到许可。进入房间后，即使再好奇，也不要随意去看孩子笔记本电脑的屏幕，可以轻描淡写地问一句"玩什么游戏呢"，那样，孩子就不需要说谎了。当孩子开始主动介绍游戏的情况时，家长可以发出请求："我也很好奇，可以一起玩吗？"当家长知道了孩子喜欢什么样的游戏后，就可以顺势提出"也教教我吧"或者"带我一起玩吧"的建议。

如果让家长这样做，大部分人都会回答说他们不喜欢玩游戏。我并不建议把玩游戏作为一种爱好。回想一下，很多事情如果是父母让孩子去做，孩子即使不愿意也会做。因此，即使不喜欢，只要是父母就有义务去尝试孩子所喜欢的事情。我们要明白，这是为了孩子的教育。当然，要求家长和孩子一起玩游戏并不意味着家长和孩子的游戏好友一定要打成一片。只是希望家长和孩子在玩游戏的过程中，如果出现了问题可以互相帮忙。

吃了闭门羹也不要难过

如果孩子不情愿带家长进入游戏世界，家长不妨自己试试看孩子玩的是什么游戏。基础的游戏技能只要在 YouTube 上学习，就能够掌握了。如果在学习基础的游戏技能之上还能掌握一些与游戏相关的信息，即使不和孩子一起玩游戏，也能一定程度上与孩子达成共识，和他们的对话也会变得更加轻松。正如很多人即使不打棒球，但在观看棒球直播时情绪也会随之波动。而且如果孩子玩的游戏太暴力或者与其年龄不符，父母也可以采取一些措施来引导并保护他们。

如果连孩子在玩什么游戏都不知道，却一味反对，就如同连下属职员精心制作的报告书都没读过就将其扔进垃圾桶一样。最好的事情是"一起""相同""经历"。如果家长和孩子一起进入了游戏规则运作的魔力圈，就意味着信任关系已经建立。

如何与处在青春期的孩子沟通

小学生在感受到父母关注自己的瞬间会很容易敞开心扉。相反，对极易与父母产生关系裂痕的初中生和高中生来说，和家长一起分享相同的经历，在游戏中碰面等多少会有些困难。假如孩子和朋友约好去逛街，父母知道后表示想一起去，试想有哪个孩子会情愿。父母应该单独建立一个和孩子交流的空间，而不是强行进入孩子及其朋友的交流空间。虽然刚开始是和孩子的一对一空间，但游戏世界里有无数玩家在等待。玩游戏时，虽然也有线下好友在线上见面的情况，但大部分都是在线上世界寻找朋友。如果愿意，可以在匿名得到保证的世界里隐藏父母和孩子的关系，一起参与游戏。

如果这一步也遭到拒绝，家长应该反思。这不是不想和父母玩游戏的孩子的问题，而是破坏了亲子间信任的父母的错。如果亲密关系（"和谐融洽"：两人之间有共鸣的人际关系）已经建立，那么无论是游戏、学习还是异性问题，当孩子超越了一定的底线时，父母更容易把孩子带回正轨。但如果这种亲密关系没能建立，父母就应该努力先建立这种关系。

了解小学生子女的网络好友

比起游戏中助长投机性的 In-App 支付，更危险的是聊天。*Roblox*[①]是在教育软件基础上改造发展的游戏，小学生在使用者中占比最高，被称为"小学生的网上游乐场"。因新冠肺炎疫情的大流行而无法正常上学的孩子，会常常登录 *Roblox*，认识各种各样的朋友，一起玩游戏，*Roblox* 也一举成为 2020 年发展最快的游戏之一。

喜欢玩这款游戏的孩子们常会把 *Roblox* 当成自己的游戏空间，把 *Roblox* 的 App 当成聊天工具一样使用。不久前，在美国，有性犯罪史的成年人动机不纯地登录了游戏，试图接近孩子们。所幸没有发生我们不希望见到的事情，但当时负责破案的警察警告称："在网上，孩子们可能会成为性犯罪者的目标。因此，不仅是 *Roblox*，还要警惕 Snapchat、Instagram、Onlyfans、Tinder 等平台和应用的使用。"他还说道："一定要让人们懂得，利用游戏或 App 内的聊天功能进行对话或交换照片是十分危险的事情。这些完全有可能会发生在我们的孩子身上。"

除了线下的交友关系，孩子在游戏里交的朋友、聊的话题，父母也都应该有所了解。即使不会一一打开登录记录，作为父母也应该关注并经常询问孩子玩游戏的情况。因此，家长要对孩子玩的游戏了如指掌。

留意玩游戏的孩子

我们父母那一辈，小时候可能是在玩过家家或者模拟医院场景的角

---

① *Roblox*，世界最大的多人在线创作游戏。至 2019 年，已有超过 500 万的青少年开发者使用 *Roblox* 开发 3D、VR 等数字内容，吸引的月活跃玩家超 1 亿。

色扮演等游戏中长大的。通过游戏，孩子们熟悉并了解各个社会角色。女孩子碾碎砖头做食物，男孩子拎着装有报纸或书的包去公司。男孩子拿着听诊器玩具扮演医生，女孩子拿着注射器玩具扮演护士。当然，我对沿袭社会固化的性别角色感到不满，但当时我甚至不知道这是错误的。游戏是在练习中熟悉原有事物的过程。但如果过程出错，孩子就会学到不好的东西。

　　孩子就像父母的镜子，看到孩子玩的样子，就能猜出父母给孩子看了什么。孩子通过游戏学习大人们创造的世界，大人可以通过孩子客观地观察自己在这个世界的生存方式。游戏也是如此。一起玩耍，一定会有所收获。

人生最大的挑战是为人父母

离家出走的原因不是游戏

经常会听到一些父母说，孩子甚至会因为玩游戏而离家出走。这些剧情十分相似：父母伤心地说自己的孩子因为和一些奇怪的同学一起玩，跟他们学会了打游戏，之后开始不上学，也不听父母的话，最后就离家出走了。但在和父母交流的过程中会发现，问题的症结往往出在其他地方。孩子离家出走的原因是和父母之间有矛盾或者孩子自身存在精神病性的行动障碍，但父母没有察觉到，只是一味责怪无辜的孩子。而对孩子来说，离家出走的原因是无法和父母交流。因为家中的环境和氛围让人心累，无法与父母达成共识，而外出和朋友见面时最便宜、最有趣的活动就是去网吧玩游戏。而父母却认为孩子犯下了天大的、不可饶恕的错，只会生气，这是孩子所无法理解的。

有时候父母也会想，是不是自己已经知道问题是什么，却故意回避现实？因为只要责怪孩子玩游戏或其朋友，自己的心情马上就会放松下来，所以就有意省略了前面的过程，将离家出走的原因视为"每次都去网吧玩游戏"。说实话，每当我听到父母们说"（孩子）离家出走，把网吧里的东西带回来"的时候，我就会觉得很庆幸。世界上有多少危险和恶劣的诱惑在等着离家出走的孩子。而这些离家出走的孩子在脱离父母的保护和视线的情况下能够玩游戏，该有多幸运。不是为了玩游戏而离家出走，而是离家出走能玩的只有游戏。让我们理解一下孩子们的立场吧。

人内心中的三种矛盾

人的内心常常会出现纠结和冲突。无论是否有对象，冲突和矛盾都是存在的。个人内部矛盾大致分为三类：在喜欢的两个事物中只能二选一的"接近—接近"矛盾；在不喜欢的两个事物中二选一的"回避—回避"矛盾；喜欢的和不喜欢的混杂在一起的"接近—回避"矛盾。比如，"吃比萨还是吃炸鸡"是"接近—接近"矛盾，"打手掌还是打小腿"是"回避—回避"矛盾，"做完 4 张习题册再玩游戏"是"接近—回避"矛盾。如果给孩子提出"接近—回避"矛盾类型的建议，他们会更倾向于选择"回避"那一项，这就是问题所在。但对于孩子的成长来说，这不是一个好的选择。

除了个人内心的矛盾，还有人与人之间的矛盾、个人与群体之间的矛盾。父母想成为帮助孩子解决问题的人，必然会不断自我暗示自己必须是孩子永远的坚强后盾。但说白了，父母不过是比孩子多活了二三十年，他们也带着个人内心的矛盾生活，承受着多方面的压力。为了解决与子女之间的问题，首先要看清自己身上存在的矛盾是什么并加以解决。如果心理上很疲惫，需要先好好安慰自己。

能量不足是无法快步向前的

父母因为孩子天天只想着玩游戏而苦恼，但如果让他们花时间和耐心慢慢地接近孩子，大部分人都会回答说"知道是知道，但太忙了，没有时间"。如果家长会因为孩子的问题而来到一个讲授"游戏和教育"的课堂，那么他肯定已经为寻找更爱孩子的方法而付出了很大的努力。但真正的问题其实是因为自己太忙太累，总是怀着要尽快解决问题的心态，没能看清孩子内心存在的矛盾，并且还会以父母的标准试图说服或命令他们。这样只会加大自己和孩子之间的矛盾。要想解决问题，父母需要先看清自己内心的矛盾，在解决问题的同时也给自己一些释放压力的空间。

父母总是想先解决孩子的问题，而不是解决自己的问题，这样的想法完全可以理解。但是在自己内部能量不足的情况下，要从根本上解决外部的问题几乎是不可能的。与其向孩子重复无效的指示和命令，不如先审视自己，然后慢慢向孩子接近也是一种方法。父母虽然自认为很会掩饰自己内心的感受，但孩子其实能够察觉到父母的不安。关系越亲近越容易感受到对方的情感。因此，希望家长们尽量先抽出时间来给自己解压，然后再慢慢地和孩子在长期的磨合中来解决问题。

受挫者身上表现出的四种状态

无论是自身内心的矛盾，还是关系上的矛盾，父母在解决问题的过程中常会感到受挫。能够意识到自我是否处于受挫状态是很重要的。通常受挫者身上表现出的共同特征是具有攻击性。如果说孩子玩游戏时间过长是个问题，父母应该做的是就这个问题与孩子进行对话交流，但很多人面对这一问题时的第一反应却是生气。从另一个角度来说，生气也意味着因为问题没有解决而感到沮丧。即无法解决问题就转而进行攻击。这个问题需要本人自我感知并自行调整。生气是一种自我内心能量不足，无法说服对方的状态。当我们处于这种状态时能够迅速发现并及时进行调整是最重要的。

有时会出现一种替代的状态即旁观。如果在解决孩子玩游戏的时间的问题时不顺心，父母可能就会想做别的事情。谁都有明知考试前一天要学习的东西堆积如山，却非要从整理桌子开始的经历。同样，如果父母突然开始整理企划案或打扫卫生，这可能不是解决自己的问题，也不是解决和孩子之间的问题，而是寻找第三种可以避免某个瞬间的东西。

有时也会出现倒退的状态。这里指的是当事情不能随心所欲时，家长便表现得像个孩子。典型表现就是暴饮暴食或者表现为即便不能吃辣也非要吃的行为。这是个体在自我调节能力明显下降时出现的一种典型反应。

然而，最糟糕的是回避状态。家长自己相信没有什么问题，觉得孩子也完全没有问题，但又不想看到孩子玩游戏的样子，就直接索性不想进孩子的房间。

如果父母在试图解决和孩子之间产生的问题时，出现了受挫、替代、倒退、回避的表现，那么要先解决好自己的问题。当然，这些表现并不是精神性疾病，这只是在遇到困难时每个人都会出现的行为模式。只是如果是在处理和孩子有关的问题，为了不给孩子带来混淆，家长还是需要更好地控制自己。成年人感受到的大部分冲突和压力都来自社会。这是因为我们当下的社会状态变化非常快，为了解决外部问题而把精力放在家庭内部的时间和精力必然会减少。

专家也难当父母

我做父母也并不是一帆风顺的。大儿子上小学五年级的时候，曾经发表过爆炸性的宣言："我太喜欢游戏了，我只想玩游戏。"理论和现实的差距远远大于研究者和父亲之间的差距。因为我对能够引发矛盾的要素很清楚，所以努力地掩饰了自己紧张不安的心情，尝试冷静地和孩子进行对话。然而，对话后的结果仍然是："不管怎么样，还是游戏好。"当孩子被问到"玩多久游戏会感到满足"时，他回答说"绝对不会腻"。极力假装仁爱的爸爸说："长时间玩而不是尽情玩游戏很可能会出现问题，因此爸爸要在旁边守护你才行。"

于是孩子开始在客厅的一个角落玩游戏，我则在另一个角落看书。他从晚上 9 点左右开始一直玩到凌晨 1 点。从凌晨零点开始，即第二天来临的那一刻起，我就发现孩子在慢慢观察我的情况。我顺势说道："时间不早了，困了就睡，明天继续。"到了第二天，孩子继续坐在客厅玩游戏，我则继续看书。玩了很久游戏的孩子对我说"游戏不好玩了"，我就问他："那你希望爸爸做些什么呢？"他回答说："希望你能让这个游戏消失。"这时候要做的不是关掉屏幕，而是告诉他如何从电脑中删除游戏，还要告诉他如果想删除就自己删除。如果爸爸删除游戏，孩子会有被抢走东西的感觉。

那天孩子自己动手把游戏删了，而且成年后的今天他依然会玩游戏。孩子说，本以为在父母的允许下无限期地玩游戏会很开心，但亲身经历过才知道，真这么玩并不会如想象般幸福。因而此后他就再不会缠着家长要长时间玩游戏了。把休息时间中的一部分用于游戏，其余时间和家人一起玩。在我们家这个规则一直持续到孩子成年。

如果让孩子独自在房间玩累了游戏再出来，这于他而言就是一种放任。但如果父母和孩子同处于一个空间之中，并告诉孩子"我会等着你"，这对他来说则是一种自由。虽然家长可能不会有什么特殊的感觉，但孩子感受到的心理安全感却有很大差异。要记得，当孩子在谈论自己的感受时，他们需要的不是父母替他们来解释感受，而是等待孩子进一步观察自己的感受。

成年人的手机游戏是 YouTube

2018 年，德国《汉堡晚报》（*Hamburger Abendblatt*）刊登了 7 岁儿童举行街头抗议的报道。领导示威的青少年们向同学们发出邀请，熟人和父母也加入进来，共计 150 多人参加。警察像对待其他示威一样，也被派到现场保护示威者。在街头示威的他们手中举着写有"别再看智能手机了""跟我聊天"等字样的标语牌，孩子们对着扩音器高喊："因为爸爸妈妈不听我们说话，所以我们只能大声说话。"本以为这些孩子们可能会要求"不想上学""让我玩游戏""给我买玩具"等，但孩子们要求的却是"父母不要再看 YouTube 了，和我们一起玩"。如此看来 YouTube 对成年人来说就像是游戏一样的存在。

看到新闻后，似乎有不少父母感到心虚。不让孩子玩游戏，大人却不陪伴孩子。试想一下，父母有没有在看 YouTube 的时候对孩子说："游戏不好，要读书。"当你告诉他们不要玩游戏时，父母应该有一个替代的方案。如果认为孩子沉迷于游戏是错误的，那么父母也应该承认自己迷恋 YouTube 是错误的。

职业玩家与流媒体

顺应时代升级的职业教育

未来和前途也是有趋势可循的。学生的未来和前途一定会衍生于那个时代最热门的行业领域。据了解，2020 年新冠肺炎疫情大流行导致游戏用户增长了 50%。游戏产业呈现爆发式的增长，手机游戏下载量增长率高达 48%。韩国游戏市场的规模约为 13 万亿韩元，比韩国国内的咖啡市场还要大。大街上到处都是咖啡厅，大部分人每天都会喝咖啡，但如果说游戏市场的规模比咖啡需求的总和还要大，人们似乎并不会相信。因为咖啡是看得见的财富，而游戏是看不见的软件。

游戏在文化输出中也占有很大比重。电视剧、电影、综艺节目、网络漫画、音乐等全媒体产业出口总额的 55% 是游戏产业输出。制作费达数百亿韩元的电影常常会成为社会热议的话题，而大型游戏的制作费却能高达数千亿韩元。游戏产业的规模之大远超想象，产业规模之大也意味着这是一个机会非常多的市场。

遗憾的是，孩子们从事的大多是与游戏相关的职业：程序员、职业游戏玩家、游戏流媒体①。这不是游戏产业的问题，而是关系到孩子前途的问题。孩子们当然只能在自己有所经历和了解的范围内，怀揣着对未来的希望来选择职业。这就像是带孩子去中华料理店随便点菜，大部分人也只会点炸酱面、海鲜面、糖醋肉。因为即使菜品再多，孩子们吃过的食物也极为有限。工作也一样。孩子除了在学校上课，面对的职场人士中除了家人和亲戚，就只有医生、律师、警察等几种普通职业，以及游戏玩家和游戏主播等。

根据统计厅的分类，韩国有1 000多种职业。如果按具体类型划分，则有上万种，但我们的孩子却连100种都不清楚。对于身处学生时代的孩子们来说，未来的前途是从自己曾经做过或已知的事物出发去选择的，因此他们会对与自己产生连接的事物产生信任并从中做出选择。因而现在的孩子们最想从事的就是职业游戏玩家和游戏主播。

我的梦想是成为一名职业游戏玩家

既能尽情地玩自己喜欢的游戏，又能赚很多钱，还能赚足人气——职业游戏玩家似乎是一个非常理想的职业。然而残酷的现实是，其成功的概率非常低。韩国国内游戏玩家有2 500万人，其中仅有300~400人能够成为职业游戏玩家。虽然出道极为艰难，但如果不是明星选手，年薪会很低。韩国职业游戏玩家的平均年薪不到1 200万韩元，年薪超过5 000万韩元的只占十分之一。并且职业选手的年龄通常比较小。他们一般是在初、高中时期开始职业生涯，中断学业的情况非常普遍，还会很早就退役。即使在激烈的竞争中能够脱颖而出成为职业游戏玩家，但

---

① 游戏流媒体（streamer）指通过互联网进行传播或广播的人，亦称为网络主播。

在 20 岁中后期就得退役，因此作为职业游戏玩家能够享受的全盛时期总共不超过 10 年。因为无论他们如何训练，反射神经的机能都会衰退，操作能力也会下降。但这并不是说职业游戏玩家是一个不好的职业。只是告诉大家，这一职业并不是像孩子们所茫然认为的那样是一个事半功倍的神一样的职业。顾名思义，这就是"职业"的世界。

父母反对孩子成为职业游戏玩家的立场是可以理解的。毕竟成功概率渺茫，还要孩子为其中途放弃学业，几乎所有父母都会觉得风险太大了。但这并不能成为说服已经下定决心成为职业游戏玩家的孩子的依据。相反，如果父母的话没说对，反而会被孩子说成是"对游戏一无所知"而备受打击。孩子会认为父母连他们喜欢的游戏是什么都不知道，就只会看报纸，对自己的孩子视而不见。这也是为什么我们反复强调对于沉迷于游戏的孩子，父母一定要坚持长时间的配合，努力和孩子形成亲密关系。如果不能说服孩子，也可以让他参加一下职业选手的选拔测试。我敢断言，他们中的 99.9999% 可能会失败。小区网吧高手与职业选手的水平完全不同。如果他通过了成功概率为 0.0001% 的测试，家长就得想办法来好好培养孩子了。他也可能就是下一个 Faker（知名职业游戏玩家李相赫）。

对现在的孩子们来说，明星就是游戏主播

意识到自己无法成为职业游戏玩家的孩子们可能会梦想着能成为游戏主播。以 2019 年为例，排名前 3% 的 YouTuber 的平均月收入为 160 万韩元。媒体上号称自己年收入 200 亿 ~ 300 亿韩元的 YouTuber①，是

---

① YouTuber：在 YouTube 视频网站上制作和发布视频的个人和团队。

极少数的情况。YouTube 视频总点击率的 90% 被排名前 3% 的账号所占据。如果孩子还是想做游戏主播，那不妨让他们去试试。孩子做游戏主播最大的风险是游戏主播平台的聊天窗口和评论窗口。如果他们学会了不好的东西或者听到了不好的言论，可能会受到伤害，最坏的情况是他们可能会在线下遭遇一些糟糕的情况。孩子越小，越需要父母好好观察，以免发生意外。

虽然说要保护孩子免受危险，但不要反对他们做游戏主播，因为在这个过程中孩子们可以学到很多重要的东西。未来，人们对话的方式将与现在有很大的不同。现在也有了不同年龄段人群主要使用的线上沟通平台。比如五六十岁的人多使用 Kakao Story①，四十多岁的人主要使用 Facebook，二三十岁的人使用 Instagram，十多岁的人使用 Twitter 和 Tik Tok。就像父母那一辈在学生时代写日记一样，现在的孩子会拍 Vlog② 进行分享。如果孩子既不喜欢看也无兴趣运营 YouTube，就有可能会与新技术相隔绝。现在的职场用 Word 或 PPT 来做的报告，谁知道 10 ~ 20 年后是不是要用视频来写呢。

从表面来看，游戏产业似乎只有职业游戏玩家和游戏主播，但其中包含了各种各样的职业群体。从制作层面来看，参与的人员包括游戏方案策划师、总监、程序员、测试员、平面设计师、音频创作者等。程序员又分为前端程序员和后端程序员、数据库相关程序员和人工智能程序员等；平面设计师也分为角色设计师、背景设计师等。一般人从未想过不同领域的专家们也会参与游戏的制作。由于大部分游戏都包含经济要素，因此在游戏的设计阶段就需要经济学家进行指导和规划；游戏里面

---

① 　Kakao Story：一款可以与朋友交流、分享生活日常和照片的社交软件。
② 　Vlog：创作者通过拍摄视频记录日常生活。

的制度要合规合法，不能出现疏漏，因此法律学家也是需要的。甚至在某些情况下，还需要人类学家、心理学家和认知科学家等。因此，即使孩子未来只是选择了一般的职业，但由于社会中的各个角落都有游戏元素，比起完全没玩过游戏的孩子，会玩游戏的孩子的适应能力要强得多。

要想成为游戏制作人，应该学什么专业呢？

在游戏中工作的时代即将到来

如果说到"游戏里有机会，不要过分责怪喜欢玩游戏的孩子"，父母和孩子会同时问："如果想进游戏公司，应该学什么专业？"在游戏公司的员工里，程序员确实占了最大的比重。但是游戏已经超越了单纯的娱乐，发展成了一个虚拟世界，因此现实世界中存在的所有职业都可以存在于游戏的虚拟世界中。无论在现实中学习了什么，都可以在游戏中使用，在游戏公司里有各种履历背景的人在工作。现在让我们把游戏的制作过程拆分成细节，看看在游戏的开发和发布过程中都有哪些人在参与，他们的知识背景如何。

游戏设计需要考虑交互性

所有游戏都有负责开发的制作人，主要负责检查开发日程，提供必要的人力。企划阶段最重要的是剧本。就像戏剧一样，要有人物、事件、背景。在这个阶段构思完成主线故事，设定人物角色和具体的故事

背景。

假设开发一款高丽时代外国商人和使臣往来的以"碧澜渡"①为背景进行贸易的历史游戏。与戏剧不同,游戏需要根据玩家选择的不同角色来设计多种版本的剧本。例如,玩家选择贵族还是商人,如果选择商人,此商人是高丽人还是外国人,等等,会有不同的设计思路。编剧从一开始就要参与其中,设计整个故事的走向,粗略地设定角色。游戏世界观中有很多奇幻元素,而这些奇幻元素中有很大一部分植根于宗教或神学,因此在构建其世界观时,会有神学家或哲学家参与其中。像"碧澜渡"一样,想要以真实历史为主题制作游戏时,在验证和考证剧本真相的过程中,会有历史学家参与其中。如果想让游戏持续下去,角色必须有魅力,因此在设定角色时,也会有个人品牌推广或营销专家参与。角色的细节设定会在整体完成后再进行,这时由于需要考虑到可操作性,会邀请对游戏理解度较高的作者来参与。在设定角色之间的关系、决定游戏的整体叙事时,也需要具有行政或法律知识的专业人士参与。因为即使是幻想游戏,在现实中也要符合情理才具有说服力。

之后要进行角色视觉化的工作。插画师参考剧本和角色设定,以2D形式描绘出原本以文字形式存在的角色。角色自此开始有了真实感。有时候,插画师也会把游戏中使用的重要物品和建筑进行2D描绘。除此之外,还有专门负责背景的设计师、专门负责道具的设计师、专门负责NPC的设计师等,越是大制作的游戏,参与的设计师就越多。到了这个阶段,游戏的具体框架基本形成——是以碧澜渡为背景,由六个主要角色驱动的战争、贸易和战略游戏。

---

① 碧澜渡:高丽时代礼成江河口的贸易港和要塞。

将世界观数字化的工作

在插画师和设计师进行可视化工作的同时，还要努力做好游戏规则的平衡设计工作。平衡工作中最重要的是设定角色属性和（对于经济游戏）制定货币的相关规则，还包括设定各种因素（factor），比如人物的成就度、体力，人物之间的亲密度，并决定如何设定最大值和最小值。不仅如此，设计师还要决定每个因素在人物之间进行何种互动时会上升还是下降。在这一阶段，将由数学家参与进行，他们会将在何种情况下数值会发生的变化制作成数学公式。同时，制定游戏规则的工作也在同步进行——思考通过每个因素能产生怎样的相互作用。例如，需要决定在进行贸易时，几级以上的玩家才能出售物品，物品交易是拍卖还是上传到开放市场等具体细节。

因为我们已经习惯于生活在既定的规则之内，所以没有明显的感觉。然而游戏设计是一个需要一点点来填满的空无一物的空间，同时将规则细节化以避免相互之间的错误或冲突的工作。数学家和经济学家重复着制定规则、改变情景并模拟是否平衡的工作。经济学家要确定游戏内流通的货币总量，还要确定发放哪些标配物品以及发放多少的问题。即使是以华丽的画面武装起来的游戏，如果平衡失调，游戏的生命力将会是短暂的。如果升级过于困难或容易，玩家则会迅速失去兴趣。如果分发过多的货币，就会产生通货膨胀，如果完全采用真实的经济规则进行货币分发，留给玩家的幻想空间就会消失，他们就不会在游戏里长时间停留。经济专家需要寻找合适的点将这种心理用数字表达出来。

成为综合艺术的游戏

在确定了方案、世界观、角色、规则和平衡等内容之后，编程才会开始。程序通常分为三大类。适用于用户电脑端或智能手机等移动端的程序，即客户端程序，其程序差异取决于是在移动端运行还是在电脑端运行。以网络游戏为例，游戏公司运营的服务器上会有数十至数百万名玩家登录来享受玩游戏的乐趣。这个时候登录服务器的玩家之间需要进行交互，因此还需要对服务器进行编程，之后还要开发数字中心程序。之前为了平衡，数学家（负责数值策划工作）和经济学家整理的内容以数字形式存储在服务器上。建筑物、森林、河流、NPC 自不必说，角色在游戏中活动获得的物品位置也都在数据库中以数字形式进行了处理。

在设计用户界面或体验流时，UI（用户界面）设计师和 UX（用户体验）设计师会参与进来。他们需要决定在手机游戏中，控制角色移动的按钮应该放置在智能手机屏幕的哪个位置用户才不会容易感到疲劳，还有"血条"以及装钱的口袋放在哪个位置会比较好等。因此，即使是设计专业的 UI 设计师，也必须具备心理学或工业工程学（industrial engineering）方面的知识。最近 UX 设计师的作用愈发重要，UX 设计师多为心理学、认知科学、产业工程学专业的人。他们需要设计用户在游戏过程中进行推、拉、点击等行为会得到怎样的体验。如果用户玩了一个小时，只能记得刷卡购买道具，那这款游戏可能很快就会被遗忘。即使已经购买了 10 万韩元的道具，对于玩家来说角色的成长才会更令他们上心，他们才会为了那些没来得及购买的道具而重新登录游戏。

配音是最后一步。配音的过程也会分为几个步骤。背景音乐、主题曲、效果音等分别由不同的专业人士操刀。会有配音演员为游戏角色配音，也会有为电影配音的专业团队为游戏制作背景音乐和主题曲。游戏公司有时会邀请古典音乐演奏家录制音乐，有时也会邀请人气歌手演唱游戏主题曲。虽然效果音大部分都是在市场直接购买的，但也有像电影《春逝》① 一样请专业的团队来制作效果音。这样制作出来的音乐还会作为游戏 OST（影视原声）专辑来发行。像这样，过去主要活跃在电影和动画领域的声音团队正在向游戏领域扩张。

游戏发布后的持续管理

最近还出现了在游戏中刊登广告的广告代理商。如果要制作足球游戏，游戏足球场的广告牌就会用真实的广告来填充。把 Bidstack② 的模式用来制作游戏，通过免费分发游戏和张贴企业广告来实现盈利就会成为可能。即在游戏中实现电视、广播、门户网站、报纸、杂志等传统媒体的收益结构。因为可以基于用户的使用量进行广告匹配，所以不仅广告效果好，而且真实存在的品牌广告牌还能起到增强游戏真实感的效果。具备传统媒体广告组工作经历的相关从业者，将来可能也会到游戏公司的广告组工作。

我以前参与过与银行业务相关的功能性游戏的开发。那是一款货币教育游戏，游戏开发完成后我们与高中生一起进行了闭环测试。这时出现了一个很有意思的情况。在游戏中玩家可以通过交易获得橡胶、铁、玻璃、木头等材料，制作成昂贵的物品销售赚钱，但我发现这款游戏存

---

① 《春逝》是由许秦豪执导，李英爱、刘智泰领衔主演的爱情电影。该片于 2001 年 9 月 28 日在韩国上映。

② Bidstack 是一家总部位于英国的广告技术公司。该公司的主要业务是将广告嵌入到视频游戏中，以实现更为无缝和真实的广告体验。

在一个非常关键的问题，即游戏里面没有阻止负汇款的机制。我抱着"试试"的心态向所有用户汇去了负 1 亿韩元后，我瞬间就成为超级富豪。但神奇的是，测试过游戏的 100 名学生中没有一个人尝试过负汇款。这是因为他们已经熟悉了现实世界的银行规则。

游戏上线后，常规的维护工作仍要继续。如果国内的游戏想在海外上市，就需要找海外代理商并签订代理合同。在此过程中，需要有贸易、法律、经营战略等人文社科专业背景的人来处理。比起那些完全不懂游戏的人，对游戏有较高理解的人做这个业务会轻松很多。

还有游戏管理员这个职业，他们在游戏世界中是神、法官、警察一样的存在。游戏管理员会在游戏上线后对游戏程序及游戏秩序等进行监测，同时也会查看玩家发送的邮件等反馈，一旦出现问题就会及时予以反馈和解决。如果玩家在茅草屋跳跃时不慎落地，脚被固定在地上无法移动，游戏管理员会利用其专用程序将该玩家转移到其他地方。监测及发现程序错误，使其及时得到纠正，也是游戏管理员的职责所在。像留言板管理员模式一样，在编程过程中也要为游戏管理员单独制作相关的程序。

未来的就业机会也在游戏里

一款游戏巨作的制作预算是一个天文数字。在韩国上市的游戏中，Smile Gate 制作的《失落的方舟》（Lost Ark）耗资 1 000 亿韩元，Neowiz Games 的《神佑》（Bless）耗资约 700 亿韩元，NCsoft 的《天堂 2》耗资约 500 亿韩元。再看国外的例子，波兰制作的《赛博朋克 2077》（Cyberpunk 2077）花费了约 3 500 亿韩元的制作费。通过观察资本的流向，我们就可以猜到未来的就业机会是由哪个行业创造出来的。

每当讲起游戏产业和职业，喜欢玩游戏的孩子常常会问："如果想当游戏编导，应该考什么专业呢？"就像不是所有的广播编导都是新闻传播专业的一样，游戏编导也并不都是游戏专业的。有国文专业的，也有工商管理专业的，他们在游戏公司配合专业人士工作，不断积累知识和能力，最后成长为编导。

他可以主修作曲并制作游戏 OST，也可以主修工业设计并设计游戏 UI，还可以主修哲学或神学并成为游戏世界观作家，或是主修市场营销并参与游戏角色开发。无论学习什么，爱玩游戏的孩子都能在游戏里找到机会。利用自己的专业，在普通公司工作积累实操经验后再跳槽到游戏公司也是可以的。游戏专业的课程设置包括很多编程类的课程，以及文学概论、艺术学概论、创新思维与写作、文化产业概论等课程。

拯救被游戏抢走的丈夫

沉迷游戏不是罪过啊！沉迷游戏的孩子令人担忧，但沉迷游戏的丈夫却令人讨厌。去现代洞穴寻找现实世界中非常缺乏的"探索—沟通—成就"的体验，这并不是完全不能被理解的，但如果下班后回到家只想待在洞穴里，那么沉迷游戏就是罪过。

如果妻子认为自己的丈夫正处于游戏成瘾的边缘，她就需要付出一些努力来改善这种状况了。如果妻子说"别再玩游戏了""上瘾是什么，你就是游戏上瘾""又不是孩子，怎么还那么痴迷游戏"，她百分百会被丈夫排斥。当坚固的城堡被人认为什么都不是而感到被无视的瞬间，沟通的窗口就会关闭。他们不是害怕，而是对对方什么都不知道，却把事情当成小事的态度而感到愤怒，因而选择断绝关系。因此妻子必须更加谨慎地接近丈夫。比如可以跟丈夫说："我对你沉迷的游戏感到

很好奇。"当然，如果有能一起玩游戏的环境就更好了。因为只有在一起玩游戏的过程中产生同伴意识，才能有更进一步的要求。这时可以对他讲："玩游戏是可以的，但只玩游戏可能会影响健康。"实际上，职业游戏玩家经常患有腰椎间盘突出、腱鞘炎、痔疮等疾病。如果年龄较大，患病的概率也会大大增加。"因此，打游戏虽然是件好事，但还是建议你在洞穴之外尝试一些其他的休闲活动。"通过游戏形成的同伴意识会让人与人之间产生信赖，倾听可信赖的人说的话是人的本能。这样才能够增加行为改变的可能性。

丈夫可能会拒绝妻子一起玩游戏的提议，因为一些游戏中有很多刺激性的语言，他们不想让妻子看到，也不想和妻子分享游戏世界中的朋友。现实空间是一个宇宙，但在游戏这个元宇宙里，他们也已经有了自己构建好的角色。并不是因为玩游戏时做了坏事，只是他们可能不愿意家人进入自己的新宇宙。解开那个门闩需要时间和努力。要说服他们："把虚拟的游戏世界假想为是同住房屋中的一个房间，即便这个房间没有共享，也不能随意锁门或阻止想进来的人。"这个时候，比起说要一起玩游戏，先表达出对他喜欢的游戏有好奇心更加重要。就像游戏角色在游戏内冒险成长一样，为了进入丈夫的宇宙，妻子需要付出阶段性的努力。

游戏成瘾不分年龄

比起只会玩游戏的丈夫，更让人着急的是只会玩手机的老人。由于新冠肺炎疫情的大流行，老人们的生活半径也变小了。与朋友之间进行视频通话、视频学习的孩子不同，他们能做的事情急剧减少，感到抑郁的人也大幅增加。无法和朋友聚会，老人们没了去处，他们唯一的休闲就是通过电视收看 Trot 节目，或者浏览 YouTube。而这也仅限于能熟练操作智能手机的老人。子女们不要因为他们反复观看已经看过的内容而去数落他们。因为他们并不是因为有趣而反复观看，而是因为没有可以打发剩余时间的方法而不得不反复观看。沉迷手机纸牌的人也是如此。

如果一家人聚在一起聊天，老人家却完全提不起兴趣，只是盯着手机看，那情况就很严重了。在没有其他可玩的东西或者没有人一起玩的时候，玩手机游戏是可以的，但如果大家聚在一起的时候也不能集中精力对话，只是在看手机，就要怀疑是不是沉迷游戏了。手机游戏会巧妙地设计成玩家一旦登录就不会轻易下线，只有在几个小时内重新登录才会发放道具或给予提示的模式。游戏开始后，如果玩家提前退出，游戏可能会收回之前发放的道具。因此，很多人即使知道社会性活动比游戏更重要，也无法从游戏中脱身。可能出现的极端情况是，即使新冠肺炎疫情大流行结束，比起多人聚会，有的老人可能更愿意独自一人玩游戏。这种情况就需要子女介入了。最简单可靠的方法就是送他们去医院。然而，带着父母去"游戏与沉浸式治愈中心"并非想象中那么容易。

在子女们看来，父母喜欢打花图，但当事人在游戏中可能会有其他体验。子女只有知道父母在玩游戏时获得的比家人聚在一起吃饭更好的体验是什么，才能帮助父母成功摆脱游戏。最简单的方法就是子女也下载同样的游戏，和父母一起玩。当能够与父母产生共鸣之后，再引导他们向自己敞开心扉。

能够达成目的的对话技巧

谈话也有技巧。如果你期待对方有所改变，那么谈论"我的感受"比指出"你的缺点"更有效。越是亲密的关系，坦诚地说出自己的感

受越重要。如果表达自己的感受并不能说服对方，那么谈论人格特质也是一个不错的方向。比起"别玩游戏"，说"我担心这样下去妈妈会变成游戏成瘾者"更有效。这和在孩子说谎时你对他说"不要说谎"相比，说"我担心我的女儿会变成骗子"更有效是一个道理。过度沉迷于游戏的人，即使连续10个小时不间断地玩游戏，也不会意识到自己是过度投入的。他们往往是在听到第三方说"我担心你会成为游戏成瘾者"之后，才会认真对待这一判断。

实验也证明，站在"我"的立场上担心"你的人格"的说法是有效的。上课时，让学生从1到100的数字中想出一个数字，然后给想到偶数的孩子每人1美元，想到奇数的孩子不给钱。在进行实验的过程中，对一组人说："我认识你，你不能撒谎。"同时警告另一组人说："如果你为了得到一美元而撒谎，你就是个骗子。"然后让他们说出自己想好的数字。在教室门外贴一张大纸，告诉说谎的学生在实验结束后离开教室时，在那张纸上画一个圆圈。在匿名实验中每个人都是诚实的假设下，从结果来看，后者说谎的情况要少得多。因此，这个谈话的技巧不仅适用于劝说游戏上瘾的父母，也适用于劝说沉迷游戏的丈夫和孩子。

附录

父母制作的游戏

继追求幸福的 Well-Being（幸福地生活）、有尊严地结束生命的 Well-Dying（安乐地死去）之后，现在是需要 Well-Playing（快乐地游戏）的时代。既然没有不玩游戏的孩子，也不能阻止孩子玩游戏，如果想父母转变成"反正都要玩游戏，那就开心地玩"的心态，建议大家尝试在家中制作棋类游戏，以此减少孩子玩网络游戏的时间。下面为大家介绍一下我亲自制作并和孩子们一起玩过的游戏中反响比较好的游戏。不需要特别的材料，任何人都可以轻松制作，为了提高沉浸感，还可以根据家人的情况进行改编。

一、《高斯的封印》

这是一款从孩子们喜欢的密室逃脱游戏中提取创意制作而成的游戏。把智能手机放在一个小盒子里，用锁锁住，孩子需要答对 10～20 道习题的正确答案，就可以得到破解高斯封印的密码。这个游戏的核心是一次性答对 10～20 道题的正确答案。如果锁打不开，孩子就会重新

试着去思考并解答那些自己没能搞清楚的问题，这样反复地解题会让他们意识到自己学习中还有哪些地方存在不足。在做习题集的时候，这是比"快速做题、猜答案、确认答题错误"更有效的学习方法。

这个游戏的巧妙之处在于反转。为了让他们在解锁密码打开箱子时大吃一惊，除了智能手机外，家长还可以悄悄放进装有零花钱或礼物的袋子。获得非约定奖金的喜悦会成为孩子更加努力答题的动力。

二、拯救公主之路

给孩子设定几个需要他们在一天内解决的问题清单，并设计制作一个轨道，将代表问题的数字标注在轨道之上。在轨道中不同难度的问题之间放置一张幸运券。题目按照由易到难的顺序排列，轨道上随着游戏的推进，减少一次性能解决的题目，增加需要越过的格数，依此类推。例如，一开始一次性要解决8道第1阶段的问题才能进入下一个阶段，在此过程中只需越过第4格即可抽出幸运券。第二个阶段将难度提高，设计成一次性做7道该阶段的题才能进入到第三阶段，过5格才能抽出幸运券。游戏越往后，任务的难度越大，但是各个阶段需要解决的任务却会相应减少，而可以移动的距离却会增加，这是游戏设计的基本原理。幸运券上可以写"看电视""去电影院看电影""骑着木马在家里转圈""在院子里打一场篮球"等孩子们喜欢的事情。要注意幸运券上不能有消极的内容。玩游戏的过程可以给人更多愉快的体验，这也是游戏的基本原则。这款游戏之所以名为《拯救公主之路》，是因为当时孩子们要求买的玩偶是他们成功解决最后一个任务到达轨道上城堡所在位置的奖励。

孩子们上初中后，这些游戏就行不通了，只留下了虚拟货币制度。如果他们做了好事或者值得奖励的事，我就会奖励他们虚拟货币，这些虚拟货币可以在家里使用。如果想吃炒年糕或想要新衣服，就可以支付虚拟货币向父母索要。大家一定要记住，如果现实中有比网络游戏更有趣的游戏，孩子们就不会只想沉浸在网络世界里了。

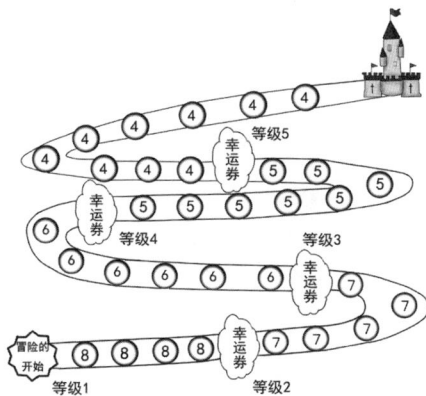

图3-5　我为孩子制作的游戏：《高斯的封印》和《拯救公主之路》

当然，人常常会有这种心理：当自己知道了自认为不好的事情的优点之后，就可能会因为不想被说服而寻找到拒绝该事情的理由。有人看完以上内容很可能会有以下的反应："你是大学教授，主修机器人和认

知科学，研究游戏，是可以制作并控制游戏的，但你对育儿懂什么?!"
如果感觉自己制作游戏有困难，也可以去寻找一款好的游戏。文化产业
振兴院运营的功能性游戏综合门户网站"seriousgame. kocca. kr"介绍了
很多教育性很强的国内外的优质游戏。虽然这些游戏不像投入了大资本
制作的游戏那样有着华丽的画面和音效，但很多游戏的剧情也都很精
彩，且其参与度和沉浸感也都很不错，任何人都可以免费下载进行学习
和使用。

04

游戏是时代的标准文化

游戏是时代的标准文化

Scene 1：最终幻想——末日

《最终幻想14》在设计上出现了错误。游戏开发公司Square Enix动员了公司相关部门的全部人手对游戏进行修复，但因为在修复错误的过程中受到了很多限制，修复工作并不顺利。开发部门和运营部门也因顾客的各种恶评和公司内部的批评而疲惫不堪。经过深思熟虑，公司决定让游戏中的世界彻底崩塌并重新开始。进入重启项目的开发团队为了不让玩家察觉，开始有意地揭开预示着世界即将灭亡的线索。由此而来的各种推测使社区活跃起来，玩家们甘愿忍受着各种设计失误带来的不便以继续玩游戏。

在各方意见针锋相对的一天，Square Enix发布了关闭服务器的日期和时间的公告。到了服务结束日，游戏世界一片混乱。对于玩家来说，服务器关闭就意味着一个世界的灭亡。同时，网络社区也是一片嘈杂。玩家们当然也明白，只有这个版本停止服务才能推出升级版的游戏。就在众多玩家对现状表示不满的时候，有趣的事情发生了。服务器的关闭开始被他们称为"最后的战争"。虽然知道自己赢不了，但是很多玩家还是在倒计时当天涌向了游戏世界。在确定会失败的瞬间，之前游戏中一直分成两派战斗的玩家们全都变成了一伙。等级高、拥有很多道具的人带头参加了战争，并分发了自己所拥有的武器，保护了相对弱势的玩家。最后时刻，一个巫师爷爷模样的角色出来，一边用拐杖敲击地面，一边高喊"Warp！"服务器关闭了。这是巫师爷爷带着玩家向下一个系列空间移动的设定，是为了延续游戏系列之间的经验而设计的。

© quare-enix. com

图 4－1　Square Enix 发布的《最终幻想 14》大结局的广告视频

Scene 2：天堂——巴茨解放战争

《天堂》改编自作家申一淑 1993 年出版的同名漫画。书中以中世纪的欧洲为背景，讲述了主人公为父报仇并夺回王权的故事。这是一款在进行战争的同时积累经验值的游戏，玩家可以在骑士、魔法师、妖精和王族四个角色中选择一个。占领城堡的玩家会成为地主，可以向原来住在城堡里的人收税。"巴茨"是服务器的名字，也是城堡的名字。我们可以把几个服务器看成是不同的城堡。在《天堂》的玩家中，"巴茨解放战争"忽然成为热门话题——占领巴茨的 Dragon Knights（龙骑士）

168

是暴君，他不断提高税率，让住在城堡里的人苦不堪言。"巴茨"的消息甚至传到了另一个服务器。严格来说，《天堂》中的每个服务器都像是平行宇宙，彼此之间并无连接。如果玩家选择转移到另一个服务器，系统将会初始化他经营许久的角色，他也无法使用之前收集到的道具。尽管如此，还是有很多玩家从其他服务器转移进来，并加入了解放战争。他们只能用初级阶段的道具通过人海战术进行战斗，并且因为初始化后的游戏角色身上穿的衣服看起来像内衣，所以也有人称他们为"内衣团"。

令人惊讶的是，巴茨解放战争竟持续了五六年之久，参与人数在20万左右。即便是在现实世界，也很少有20万人打那么长时间的战争。最终，20万"内衣团"成功赶走了"龙骑士"，夺回了巴茨服务器，一段时间的和平降临了，虽然之后又产生了分裂，但可以看出，在游戏中发生的事情也具有现实意义。这一事件也使人们认识到游戏并非只有暴力性，游戏也有感人的人间情。

图4-2　持续5~6年之久的《天堂》巴茨解放战争

Scene 3：魔兽世界——堕落之血事件

只要是《魔兽世界》的玩家，看到新冠肺炎疫情大流行的新闻，可能都会想起那次著名的"堕落之血事件"。《魔兽世界》是以讲述人类与兽人对立的中世纪幻想游戏《魔兽》为基础制作的角色扮演游戏。游戏内有一个名为"哈卡"——灵魂剥夺者（又被称为血神）的角色，他居住在名叫"祖尔格拉布"（Zul' Gurub）的新地下城。玩家需要进入祖尔格拉布这一副本完成任务再出来。如果和哈卡相遇，就会被病毒感染，体力下降，完成任务后从祖尔格拉布出来就会自然治愈。然而游戏的程序出了错误（bug）。这款游戏里面有召唤兽，它就像宠物一样可以陪伴在玩家身旁。玩家如果在副本内召唤出召唤兽，玩家和召唤兽就都会感染病毒，然而召唤兽被遣散时也保留了被病毒感染的状态，其感染的计时会被同时暂停，直到召唤兽被重新召唤，它仍然是处于病毒感染的状态。在对此一无所知的情况下，一名玩家与感染了病毒的召唤兽一起前往大城市，疫情自此逐渐蔓延开来。

由于游戏中没有医院或警察，因而局面很难控制。然而，令人惊讶的事情发生了。有些玩"医生"的玩家自发组成救援队，给周围的人"刷血"。战斗等级高的武士们组成人墙，站在主城门口提醒其他玩家不要进门，城内危险，以此来阻止更多玩家向管制区移动。通过大家的努力，即使无法彻底消除病毒，也会降低其传播速度，为游戏公司争取时间，直到他们能够找出漏洞为止。《魔兽世界》并不是一款玩家之间单纯地互帮互助的游戏。在此次堕落之血事件中，牺牲最多的就是那些组成救援队的玩"医生"的玩家。在新冠肺炎疫情中，做出最大牺牲的也是医护人员。我很好奇人类是否会像游戏中一样，在灾难来临之际，为了维护世界而非个人的利益牺牲自己并与他人团结在一起。

© blizzard. com

图 4 - 3　《魔兽世界》在新冠肺炎疫情大流行之前曾发生过类似的堕落之血事件

在技术与艺术的交汇点上绽放的文化

如果问我游戏是技术还是艺术，我会回答：它是在这两者的交汇点上绽放的文化。几年前，我曾应韩国文化体育观光部的邀请做过演讲。其中一个演讲主题是"游戏就是文化"。演讲中有一个人提出疑问："到底什么是文化呢？""文化"在词典中的定义为"一般是一个社会的主要行为方式或象征体系"。韩国一半以上的人口都在玩游戏，因此从这个角度看游戏应该是韩国社会的主要行为方式，那么游戏是文化吗？对此，有人持反对意见，他们认为游戏只是特定年龄层的娱乐项目，覆盖面很窄，基础薄弱。

不久前，我也仔细思考了这个问题。2020 年是 Trot 年。继 *Miss Trot* 之后，随着 *Mr. Trot* 节目的大热，Trot 成了文化界的大话题。玩游戏的人比唱 Trot 的人多得多，因此"游戏的基础薄弱"这一观点是错误的。"我不喜欢的东西，不会出现在我的视野中，但并不代表它不存在。"我也因此找到了这个问题的答案，即游戏是一种文化类型。

游戏业界也有不甘心游戏被称为文化的人。换言之，他们认为游戏

好玩就行了，非要成为文化吗？也许他们认为文化的备注里应该写着"高级的、道德的、伦理的活动"的文字。如果想用这种逻辑来主张"游戏是一种文化"，那么在游戏里发动战争、偷窃、开枪的刺激性设定就应该消失。这就是为什么很多游戏制作方不愿意把游戏称为文化的原因。也就是说，如果游戏被束缚在"要高高在上"的逻辑中，就无法在其中进行自由的创作。事实果真如此吗？

精心设计并由用户完成的文化

细看游戏的制作过程，更能体现出游戏是一种科技与艺术融合的综合媒介。制作游戏的第一步是构建背景框架。如一个游戏设定存在着与地球类似的平行宇宙，平行宇宙中生活着3个种族，制作者需要为每个种族设计符合种族的身体特征和文化特质，然后制定游戏规则。在打造出核心的故事结构之后，再对角色的性格、外貌、能力等进行细致的设计，在绘制关系图的同时创造主要人物和周边人物。至此，有点像创作小说或电影剧本的过程。建立背景框架、使故事开始的是开发者，但将故事延续下去的是玩家。

当故事完成到一定程度时，绘图工作就会开始。移动和操纵被创造的角色需要编程。音乐和效果音也是由专业人士创造的。这就是我主张"游戏是在技术与艺术的交汇点上绽放的文化"的理由。如果说K-POP、电影、电视剧、小说等是创作者、艺术家向大众传达的文化，那么游戏就是无数玩家进入创作者所展现的基本世界中，进行互动并共同创造的世界以及共同形成的文化。

寻找新颖独特的世界观，"游戏版新春文艺"

游戏中最重要的是扎实的世界观设计

首尔大学的学生制作了一款名为 *"21 Days"* 的游戏。这是一个做抉择的游戏，游戏内容是叙利亚难民逃入欧洲，为了生存不得不做一些选择。"选择工作赚钱还是饿着肚子省钱""有钱了是买面包还是寄给留在家乡的亲人"……玩家每时每刻都要做出艰难的抉择。可能因为是学生制作的游戏，资本有限，所以画面、音乐、故事等的外部包装都非常简单。在游戏中获得的经验，如竞争力、成长值、决策值等也无法有准确的奖励显示。但这足以改变人们对难民的看法，因为游戏中包含了故事。

在制作游戏时，最重要的是设计创作游戏的背景、故事及人物设定，也就是世界观。游戏的本质是经验，经验来自故事，因此游戏是文学性的。"游戏版新春文艺"是游戏人财团①进行的文艺创作征集活动。

---

① 游戏人财团现已更名为未来内容财团，其通过支持中小游戏企业孵化等方式培养游戏产业相关的青少年人才，助力游戏产业的未来发展。

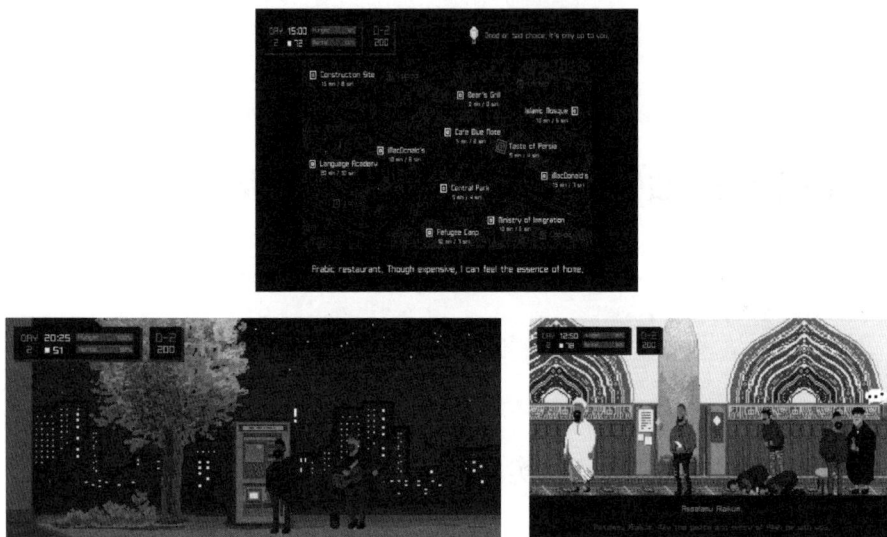

© Hardtalk Studio

图 4 - 4 *21 Days*：叙利亚难民在德国的生存记

2017 年，为了引发人们对游戏的乐趣和积极因素的共鸣，游戏人财团收集了与游戏相关的各种故事并对其中的优秀组织进行颁奖；2018 年，他们以"向不文明玩家们喊话"为主题，收集了玩家们在游戏过程中遇到的不文明行为。从 2019 年开始，颁奖典礼的意义有了变化。该财团就韩国历史游戏中的角色会是什么样子，以游戏角色设计和设定为主题进行了颁奖仪式。如果说初创期的"游戏版新春文艺"是为了分享与游戏相关的各种经验，引发玩家共鸣，那么最近似乎正在进化成为挖掘游戏故事的平台。

2020 年游戏人财团以"一切皆韩式"为主题进行作品征集，其中一款添加了鬼怪和面具等韩式要素并运用插图表现内容的休闲游戏获得了大奖。

游戏文学，由开发者和玩家的互动完成

游戏的世界法则与电影、漫画、电视剧等其他媒介有何关联？游戏与传统媒介的决定性区别在于交互性。传统媒介的作者会将故事的最终版本推向市场。但游戏是一种媒介，只要构建出生存法则，加上一些故事放到市场上，玩家们就会用各自的方式完成剩下的情节。

我曾经设计过食品药品安全处（以下简称"食药处"）员工的培训项目。新药物在研制开发过程中可能会出现一些危机情况，这需要员工及时正确地应对并进行科学的处置。食药处通过电脑模拟，对员工进行相关的训练。因为这是一个生死攸关的项目，所以在训练过程中人的压力会非常大。他们之前使用的是一种决策游戏，由于其中存在很多模棱两可的问题，游戏失败的概率很高。随着过程的推进，决策的问题变得愈加复杂，如果回答错误，就要重新训练——从第一阶段开始重新进行挑战。虽然这是必修项目，但如果既乏味又困难，就会成为让人很想逃避的内容。我当时瞬间想到，如果以食药处为背景，讲述新进职员在解决任务过程中的成长故事，是不是就会像玩游戏一样有趣。我借用游戏的形式建立了一套与现实社会相似的世界法则，将无数次的测试过程设计成一个故事。每次玩家回答错误，都会把"重新开始训练"的场景转变成"游戏中的时间重置"或"主人公变为意识昏迷"的状态。食药处至今仍在使用我设计的程序。职员们的反应也比以前好多了。为了使游戏设计更扎实，在此过程中我还写了4~5部中短篇小说。

兼容多种文化类型的游戏剧本

我也曾出版过小说。开发企业用的游戏，需要创作游戏剧本。之前，我没能找到一个可以帮我写出我想要的故事的人。要想找到一个既

了解游戏特征又具备文学素养的人是一件非常困难的事情。我虽然写过无数篇与专业领域相关的文章，但一想到写小说，就迟迟不敢下笔。我曾经把喜欢的作家的书拿出来，仔细研究他们如何创作小说。我记得当我发现了一款可以整理复杂人物关系的软件时，我特别高兴。

2018 年出版的《记忆交易所》是一部关于脑科学的科幻小说。我经常会看到采访专家关于部分抹去人类记忆或向人类输入必要记忆的报道。这部小说是在出现了可以操纵人类记忆的公司的假设下进行的。小说讲述了一个在技术成熟、相关法律制度缺乏的情况下，某个企业随意买卖记忆的事件。因为这是在创造游戏世界的过程中诞生的小说，所以其游戏性的设定很多。其中包括记忆交易所的高管们在死后被摘除了大脑，并将大脑连接到虚拟世界的 Heaven 服务器上，在一个既非生又非死的状态下支配现实世界。《记忆交易所》已经和电视台签订了电视剧版权合同。但如果作为游戏推出，会有怎样的互动，还需要进一步考虑。

当前的局面正在改变。韩国国内的游戏产业总销售额在 2020 年为17.93 万亿韩元，2018 年为 14.29 万亿韩元，2019 年为 15.57 万亿韩元，每年以约 9%的速度增长。这也意味着未来在游戏产业内有大量就业机会。就像老一辈梦想着成为小说家或电视剧作家而挑战"新春文艺"一样，现在的孩子们梦想着成为游戏剧本作家而挑战游戏文学奖。有的人根据游戏剧本制作电影，也有一部分人将电影故事带到游戏中。了解游戏，会使人开阔视野，从而更好地看待未来。

进入当代艺术领域的游戏

纽约现代艺术博物馆展出的游戏

2012 年纽约现代艺术博物馆（The Museum of Modern Art）首次策划了游戏展览。当时有人就"游戏是不是博物馆里值得一见的艺术"而展开讨论，策展人保拉·安东内利说："游戏当然是艺术。我策划的展览超越了艺术，专注于游戏的设计价值。"纽约现代艺术博物馆给出的作品评选标准很明确，不仅具备视觉上的美学价值，还包括了引起用户特定行为的要素、剧本、游戏规则、程序代码等。这意味着除了游戏的功能和设计，游戏与用户之间的互动也属于艺术范畴。

纽约现代艺术博物馆的此次行动在艺术史上有着特殊的意义。此前，美国也有大大小小的博物馆曾将游戏作为艺术作品展出，但只是一种零星的文化现象。然而，游戏第一次在现代艺术博物馆展出，这一行为则是宣告了一直被视作"受气包"的游戏将被纳入现代美术领域。

游戏原理成为静态美术馆的活力

石坡亭首尔美术馆馆长柳任祥一直在思考如何才能增加游客数量。如果要举办世界知名的欧洲大型美术馆交流展，依靠美术馆自身的规模和经费是难以承担的。他认为，即使是展示普通的美术作品，但为了吸引更多的人，也应该想办法改变展示方式。之后他将游戏元素引入美术馆。他先改变了展示作品的方式。就像玩家在学习游戏教程后进行游戏一样，他在展示时会增加主题，引导游客像玩游戏一样沿着一定的路线进行观看。对此，观众的反应很不错。接下来他将作品下方标注的说明隐藏起来，让游客可以像寻宝一样边找边看。因为即使认真地将作品说明标注出来，很多时候观众也会对其视而不见，而作品说明被故意掩盖后，反而能在一定程度上提高观众的关注度。

© nnapurna. pictures

图 4-5　与其说是游戏，不如说是动画片的手游《弗洛伦斯》

2019 年石坡亭首尔美术馆策划了"不看也不会影响生活"的展览，展示目录中还包括手机游戏《弗洛伦斯》（Florence）。游戏背景讲述的是过着平凡生活的弗洛伦斯遇到了在街上拉大提琴的克里希，并坠入爱河的故事。从纸质漫画和网络漫画中获得灵感制作而成的《弗洛伦斯》与其说是游戏，不如说是动画片。用户只需使用鼠标通过拖拽和触碰等简单操作，就能推动弗洛伦斯的故事进展：从青涩的初次见面到爱情的悸动、小小的争吵，再到离别的全过程。虽然只是简单重复的操作，但能够将游戏规则的说明最小化，让第一次玩游戏的玩家通过各种尝试沉浸于游戏之中。游戏结束后，比起完成任务的自豪感，大家感觉更像是看了一场电影。可能是因为观众在进行游戏的同时也回顾了自己的经历和感情。

即将征服格莱美的游戏 OST

如果游戏的实验性尝试使静态的美术馆变得有趣，并扩展了有限的作品领域，那么对音乐会产生什么样的影响呢？小时候在电视上播放的动画主题曲可以说是"唤起老一辈回忆的按钮"。不像现在这样有各种各样的频道，那时候也没有重播，只有在周日早上和放学后要立刻飞奔回家才能看到动画片。因此，对于当时的孩子们来说，一定要死死守住播放动画片的电视频道和时间。然而现在电视动画片的人气早已输给了游戏。现在的孩子们用游戏背景音乐来区分代际。

玩家对完成度高的游戏的热情也提高了游戏音乐的制作水平。过去，游戏公司曾一度找大学生兼职来为游戏制作音乐。如果游戏制作预算不足，就像游戏厅里的街机游戏一样，会在游戏中反复播放短节拍音乐并添加效果音。现在，相比电影，游戏在背景音乐制作上的花费更高，这是因为玩家在游戏中停留的时间更长。一部电影时长通常在 2 小时左右，且大部分人不会反复观看同一部电影。游戏则不同，同样一款

游戏，玩 10 多年都不会腻的玩家比想象中要多得多。同样的音乐也会录制多媒体版、管弦乐队版、偶像歌手版等多种类型。

在以 2077 年的未来世界为背景的游戏《赛博朋克 2077》中，玩家可以乘坐汽车，听收音机，享受兜风的乐趣。有趣的是，游戏中的汽车里有多个广播电台频道可供玩家操作选择，每次换台都会播放不同的音乐。收音机里的音乐对游戏有影响吗？也不一定。尽管如此，游戏制作公司为了提高游戏的完成度，重新制作了汽车广播电台频道中可以播放的数百首音乐。该公司甚至还成立了专门制作音乐的部门。游戏 OST 提名公告牌（Billboard)① 和格莱美大奖的日子似乎指日可待。

---

① 公告牌（Billboard）指公告牌百强单曲榜（Billboard Hot 100），它是由美国的音乐杂志《公告牌》所制作的一份单曲排行榜，该榜单也被认为是美国最具权威的一份单曲排行榜。

即将到来的 3D 广播时代

交互性是游戏区别于传统媒体的最大特点

19 世纪末发明的汽车直到 20 世纪中期才实现大众化。电脑虽然是在第二次世界大战之后发明的，但第一台家用电脑于 1977 年问世，直到 20 世纪 90 年代才得到普及。随着新技术的出现，技术革新和商用化的时间越来越短。智能手机在开发不到 10 年的时间里就普及到了全世界，并且正在迅速改变着我们的生活。即使没有详细了解过第四次工业革命带来了哪些变化，每个人也都能意识到，我们经常接触的媒介环境已经完全改变了。我们不再在电视上看节目，也不再在报纸上读文章。越是能熟练操作新事物的年轻一代用户，在消费视频类内容时，越喜欢使用移动设备而非传统媒体。

游戏和传统媒体最大的区别在于技术和交互性。使用传统媒体时，内容投放者虽然可以通过观众留言板接收意见，并反映在节目上，却很少给予观众答复。而他们在使用 Twitter 或网络社区时，不仅可以监测平台的运行，还可以在不暴露自身存在的同时接收大众的意见。传统媒体大多是单向运行，游戏则是互动的活动。只有对玩家的行为做出反

应，游戏才能进行下去。

传统媒体正在以非常缓慢的速度学习游戏的互动性。它会实时接收观众发来的短信，并将其展示在屏幕底部，有趣的信息还会有专门的负责人或嘉宾进行解答。部分节目还引入了聊天窗口，但由于没有筛选机制，出现事故的概率较高，基本不在直播中使用。不久前，人工智能和虚拟形象也逐渐被应用。今后，如果用机器学习训练人工智能，人工智能可能会代替负责人回复观众的短信。新形式的新闻也出现了，例如以现有的新闻制作方式报道叙利亚局势，但在新闻结束后听取观众的意见。

如果人工智能艺人出道

今后可以对艺人进行建模，将其制作成数字化的形象，也可以制作世界上并不存在的角色，使其成为依靠人工智能驱动的艺人并出道。现在由于技术上的限制，虚拟形象主要存在于画面中，但如果全息投影技术足够发达，观众观看真实演员和虚拟人演员在同一个舞台上演出的情景将会变得更加容易和普遍。现在的刘在石和 20 多岁的刘在石也可以一起进行脱口秀演出。

虽然有人欢迎新市场的开启，但也有人担心这会损害人的尊严。随着网络评论文化的活跃，恶意合成艺人的照片并进行传播的事情，应该大家都见过。这种恶意行为正在从照片蔓延到视频。到目前为止，人们还能够区分出假视频，但由于技术水平有限，不久之后合成视频就会变得精细到连专家都很难辨别的程度。游戏引擎公司为了在游戏中实现逼真的图形而发展了相应的技术，只要掌握了基础的操作方法，普通人也可以轻易地掌握和使用。并且这些工具会逐渐升级，操作方法会更简

单，效果也会更加贴近实际。因此，进一步完善法律制度和伦理教育势
在必行。

技术引领市场的游戏行业

市场一般有两种情况：技术推动市场发展，或者，市场引领技术发
展。至少现在游戏相关产业给人的感觉是技术推动市场发展。正如人们
不是为了制作虚假新闻而开发技术，而是因为有了技术才有人尝试制作
虚假新闻。

选举节目就像试播节目一样，非常具有创新性和趣味性。这是因为
要用有限的相同的信息制作出不同的内容。几年前，我在观看公共电视
台的选举节目时曾想过，如果将普通的信息制作成如此有趣的电视节

© 韩星网

图 4-6　在新闻的基础上加入游戏和元宇宙的元素，进行创新又有趣的选举直播

目，新闻也会随之发生变化吧。然而不同于我的期待，选举一结束，新闻就又回到了原点。第二年，电视台联系我说他们想改变新闻的形式，而当时正好有另一场选举，这正是一个可以进行各种尝试的机会，因此我非常激动。电视台表示，希望在转播宣传选举的过程中，让观众自发地关注并参与选举。和电视台进行过几次见面会后，他们提出了增加一些像游戏一样能够增强互动性的内容。将大众化的内容与游戏趣味相结合，制作 MZ 一代喜欢的节目。但后来因为过于前卫而未能实现。因此，不是因为技术问题才不能实现改革的，而是因为人们害怕改变的东西太多。

使数字内容栩栩如生的虚拟连接器

快速变化的数字内容市场还带动了虚拟连接器（virtual connector）的增长。2020 年全球 VR 和 AR 内容市场同比增长 80% 左右，各国政府和企业在开发数字内容的同时也致力于网络升级。VR 和 AR 等设备为超越时空的数字内容注入了真实感。荷兰一家公司开发出了可以连接住院患者和亲属的机器人。外形酷似玩具娃娃的机器人内置 360 度 VR 摄像头和麦克风，还拥有自己的实时流媒体平台和封闭的安全系统。机器人连接了 VR 设备和亲属周围的实际布景。假设一个孩子住在医院，爸爸因故无法陪在孩子身旁。他可以在这个机器人旁边给孩子读书，孩子在医院戴着 VR 设备，就会感觉自己和爸爸同处于一个空间，能感受到爸爸给自己读书的真实感。这是因为机器人的摄像头会拍摄爸爸所在的环境，录下声音，并实时传送给孩子。

如果 VR 技术更加发达，那么笨重硕大的 VR 眼镜可能会被隐形眼镜取代。而且如果技术进一步发展，即使只戴着隐形眼镜，也能让坐在我面前的人看起来像是其他人。假如购买了自己喜欢的偶像的内容，就可以让面对面坐着的对方看起来像自己的偶像。虽然这些技术还存在需要解决的伦理问题，但在技术上已经完全可行。把对方的声音样本进行摘取，套在自己的声音上，或者加在文本上，就会感觉那个人在唱歌或是对着自己念书，这种技术已经在普及进程中了。

即将开始的 3D 广播时代

在不久的将来，3D 广播将会大众化。现在我们常见的舞台和观众席是分开的，观众出于礼貌在演出过程中不能随意移动，因此即使买到了再贵的门票，观众也只能看到演出的一面。但是以后的演出可以用摄像头 360 度环绕整个演出场地进行无缝拍摄，购票的观众可以戴上 VR 设备，从自己喜欢的各个角度身临其境地观看演出。这种系统也可以被应用到体育赛事的转播中。在实时进行的足球比赛中，只要球迷戴上 VR 设备，就能像裁判一样漫步运动场观看比赛的日子即将到来。目前，让歌迷与自己喜欢的偶像歌手合唱并录制、下载视频的相关服务已经上市。

开启未来的钥匙——元宇宙

对游戏用户有利的非面对面环境

人们喜欢游戏的原因之一是：现实中的我是一个极其普通的上班族，而在游戏中却可以成为英雄或探险家。也就是说，人们能在虚拟的世界里过自己想过的生活。有人担心，在游戏中创造"副角色"、过着多样的生活，很容易形成多重人格。其实不必担心，很少会有人认为现实中的我就是游戏中的角色——刺客。现实中也没有人会认为"我不是公司职员 A，而是《天堂》中的星主"。相反，不是在游戏中而是在现实中拥有的各种自我，却因为现实条件的制约只展示了自己的某个方面。而在游戏中体验各种角色反而会让生活会丰富得多。因此，在游戏中尝试不同的角色，比起对现实造成的负面影响，反而会带来积极的影响。

虚拟世界在 2020 年前就已经存在了。像《第二人生》（*Second Life*）这样的三维基础平台和 SNS、网络大学或 MOOC（基于网络的开放式教学平台）等都具有虚拟世界的性质。由于新冠肺炎疫情，整个社会生活都变成了非面对面的状态，在此过程中，人们开始寻找超越以往

186

存在的虚拟事物。现实与虚拟的界限在逐渐缩小。有评论认为，元宇宙缩小了这一差距。有很多原本不玩游戏的人因为不能见面成为常态而感到不舒服或抑郁。对他们来说工作需要面对面交流，游戏也习惯于在同一个物理空间进行，因此他们对于使用 VR 设备在虚拟空间办公或游戏会感到极度的不适应，对陌生系统的疲劳感很快就会转变成抑郁。但是对于喜欢玩游戏的人来说，这是他们非常熟悉的环境。然而，随着各种 IT 设备性能的提高，将虚拟世界的环境设定得更接近现实环境会变得更加容易。

已经生活在元宇宙里面的我们

我每次在介绍元宇宙的时候，经常会被问到四个问题。最常见的问题是："元宇宙是最近产生的新世界吗？"元宇宙是早已存在的，其中很多内容我们也很熟悉。只是这些大家熟知的东西的价值和运用正在发生变化。第二个常见的问题是："现实和虚拟的世界有可能相遇吗？"我回答说："已经成为可能，并且将来会通过元宇宙进一步激活。"直到新冠肺炎疫情大流行之前，人们都没有预想到在家中上课或者居家办公的比例可以如此之高，但现在大家都已经习惯了。

还有一些人会对元宇宙怀有"期待"或"害怕"的反应。满怀期待的人认为，城市集中化将得到缓解，新的就业岗位将会出现，时空限制将得到解除，从而可以缩小诸多差距。而害怕的人则会说，元宇宙反而会拉大社会差距，人们的工作岗位将会被人工智能和虚拟人夺走，一些企业会垄断信息并监视大众。

虽然元宇宙很快被接受为是虚拟现实，但确切地说，虚拟现实是实现元宇宙的手段之一。元宇宙大致分为四类，即增强现实（augmented

reality）、生活记录（life logging）、镜像世界（mirror world）、虚拟世界（virtual world）。

"增强现实"是指元宇宙在真实的空间和情境中加入虚拟的形象和故事等，以现实为基础展现新世界的方式。我们联想一下《精灵宝可梦GO》（*Pokémon GO*）就很容易理解了。

元宇宙是一个记录、存储和分享个人生活的各种经验和信息的世界，因此它也被称为"生活日志"。Kakao Story、Facebook、Instagram等都包括在"生活日志"中。

"镜像世界"是指元宇宙将现实世界的面貌、信息、结构等复制出来的世界。各种地图服务和打车、送餐软件等都属于这类范畴。

"虚拟世界"是指设计成与现实世界不同的空间、时代文化背景、人物、社会制度等，并生活在其中的世界，即元宇宙。类似 Spatial① 这样的基于虚拟现实的协作平台和《第二人生》也属于虚拟世界。

元宇宙将会带来的变化

元宇宙继续进化后会发生什么变化呢？最大的变化是，一个元宇宙可以使用很长时间而无须关闭。现在，若要进入一个元宇宙，必须从另一个元宇宙出来并登录到对应的元宇宙。但是，当元宇宙进化后，它能够将这些过程连接成一个体验。也就是说，在登录、享受游戏的过程中，玩家可以在游戏内的派对包厢里与同事见面协商业务，在游戏中的商店里购买新上市的衣服等。

---

① Spatial 是一个新的协作平台，允许用户像是在同一个房间内一样协作、搜索和共享内容。

第二个变化是元宇宙将承载越来越多的数据和信息。每个人都有过这种类似的令人大吃一惊的经历：在 SNS 上突然出现了最近自己想买的东西的商品信息。这种现象今后还会进一步加剧。元宇宙承载了玩家的很多行为，随着这些行为时间的增加，元宇宙会承载更多我们个体和社会的各种数据，并给出更深刻的分析。当然，对其分析中所包含的观点和为谁分析的讨论也应该逐渐展开。

第三个变化是元宇宙将进一步加强与现实世界的联系。如果你整天玩游戏或浏览 SNS，你可能会自我反思："天天搞这些能养活自己吗？"这应该是说自己在浪费时间、虚度光阴的意思吧。但未来这样做可能真的能养活自己。因为元宇宙内部的活动与现实世界的工作流、社会结构、经济等有着不同程度的联系。

引领未来社会的技术游戏

巨大的变化正在发生。在过去，人们和游戏中的元宇宙是完全分开的，而且其中的间隔也相当大。但由于新冠肺炎疫情，人们一直无法见面，很多事情开始发生变化。一些企业为了最大程度地让非面对面的情境贴近于面对面的情境，就将游戏的元素应用到了现实中，现实世界和元宇宙的界限正在被一点点地打破。在此过程中，游戏产业实现了飞跃性的增长。游戏用户数量增长超过 50%，游戏购买量也增长了 85%。原本只是单纯的休闲项目之一的游戏，现在已经成了引领未来社会技术发展的重要引擎。

元宇宙的中心是游戏。但我们不能认为，元宇宙的发展只让我们接触到了更多好似身临其境的游戏，而不会对现实世界的工作、学业、公共服务、日常生活等带来大的变化。元宇宙将创造各种就业机会，基于

区块链打造新经济模式，并成为企业新的营销渠道。元宇宙还将实现超越物理距离和身体界限的各种沟通和协作，并发展成为解决在某些场景下的物理接触中人们可能面临的各种危险或因此产生的不良效果的手段。

面对元宇宙的发展，政府、企业和消费者需要解决的问题也很多。例如，现实世界的法律与元宇宙世界的运营规则之间的脱节、元宇宙内经济系统的合理运营和所有权问题、元宇宙内发生的各种犯罪、元宇宙可接近性较低的人或使用其他元宇宙的人之间的隔绝现象等问题还有很多。

游戏产业的扩张

占领全球媒体的 K-Contents（韩国内容）

2020 年底 Netflix 在韩国成立了单独的内容法人"韩国网飞娱乐（Netflix Entertainment Korea）"。之前运营的"韩国网飞服务（Netflix Services Korea）"负责韩国的 OTT 运营业务，"Netflix 娱乐"则负责韩国文化资讯的发掘、投资、支持等业务。Netflix 在英国、西班牙、巴西等自制文化资讯较多的国家早已开始分离法人运营，但在亚洲国家中，韩国尚属首次。这意味着 Netflix 对韩国内容的价值评价很高。

世界人民对韩国大众文化的关注比任何时候都多。韩国的娱乐公司几年前就开始开发粉丝平台以缩短艺人和粉丝之间的距离，但随着粉丝群体从亚洲扩展到全世界，平台用户的数量也呈指数增长。

娱乐公司推出的粉丝互动平台

拥有用于记录和展示旗下艺人多样活动的复合文化空间"SM Town COEX Artium"的 SM 娱乐公司于 2018 年 12 月推出了 Lysn。它的设计

图 4 – 7　SM 娱乐公司推出的粉丝沟通平台 Lysn

"Bubble"是歌手和歌迷可以一对一聊天的即时通信平台。艺人的
信息会发送给所有歌迷，歌迷发送的信息会被存储在艺人的文件箱中。
除了 SM 娱乐公司，JYP 娱乐公司、FNC 娱乐公司等公司也通过各自的
应用软件向粉丝提供各种服务。由于新冠肺炎疫情大流行，艺人无法进
行线下演出，SM 娱乐公司与 NAVER 公司合作推出了在线付费演唱会
服务——Beyond LIVE。从 Super M 组合的公演开始，SM 娱乐公司和
JYP 娱乐公司旗下歌手们的在线演唱会都进行了实时转播。

Weverse 是 Big Hit 娱乐公司于 2019 年 6 月①推出的手机应用。它的设计接近 Twitter，粉丝和艺术家可以在 Weverse 上发帖子，加入社区开展活动。粉丝俱乐部活动和各种演出预售以及周边商品的销售都会通过 Weverse 进行。2021 年，Weverse 宣布将与 2015 年 NAVER 公司推出的艺人在线个人直播平台 Vlive 进行整合。在 Vlive 上，用户可以使用收费服务 Vlive +、购买周边产品、成为粉丝俱乐部会员等。

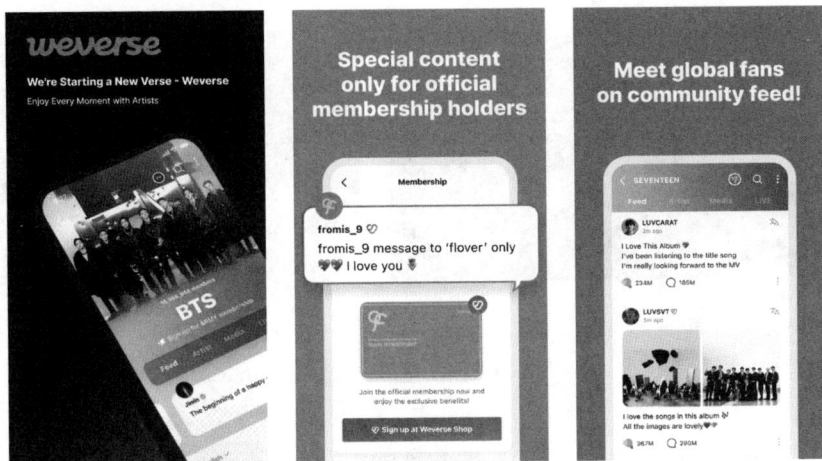

© Google Play

图 4 – 8　Big Hit 娱乐公司的粉丝沟通平台 Weverse

游戏公司推出的粉丝互动平台

2021 年，NCsoft② 为了能够精彩呈现"人工智能型虚拟人"，推出

---

①　Big Hit 娱乐公司于 2021 年 3 月改名为 Hive，但为了方便大众理解，本书仍用其原名。

②　NCsoft 是韩国一家制作互动娱乐软件的公司，创立于 1997 年 3 月。

了名为 Universe 的粉丝平台。由于现有的粉丝平台都将线下服务转移到了线上，拥有最新游戏技术的 NCsoft 会给粉丝带来什么样的体验，让人十分期待。Universe 的设计接近门户网站的设计，像其他粉丝平台一样，粉丝可以登录艺人的 Planet（专区）观看视频或阅读艺人上传的帖子，进行社区活动。其独特之处在于，以艺人传达的私人信息和 AI 技术为基础有偿向粉丝提供语音通话服务。

© blog. ncsoft. com

图 4 - 9　NCsoft 推出的粉丝沟通平台 Universe

　　Universe 很大一部分的设计思路都来自游戏。粉丝可以单独购买喜欢的偶像组合成员的虚拟化身，设置虚拟化身和自己的关系，也可以给虚拟化身装扮衣服和配饰。Universe 利用动作捕捉技术，扫描艺人的动作和舞蹈，使虚拟化身的身体动作和姿势等最大限度地接近真人。用 AI 语音技术再现艺人的声音，使粉丝可以与其进行语音通话。表面上看，与传统娱乐公司所开发的粉丝平台相比，Universe 显得更具趣味性。不过，其上市之初的非议颇多。有评价称，AI 语音无法模仿艺人特有的语气，女艺人的化身与男艺人的相比，更易被表现为性对象。但也有很多人认为，即使 AI 语音存在不能叫出对话者的名字、说出的语句与当前场景不相符合，但比起假人发来的语音信息，这些由偶像或艺人自己录制，并将录制的声音在"Bubble"平台中随机播放的效果会更好。

希望成为体验最优质内容的最佳平台

所有平台服务的共同框架是：在坚实的平台之上有内容，在平台之上有用户。NCsoft 开发了功能卓越的平台，并提供了 CJ ENM[①] 的验证内容。但是，其对决定性的用户——粉丝文化的理解不足。这是因为他们没有发现游戏用户和偶像粉丝之间的差异。粉丝们不希望自己喜欢的艺人在舞台以外的地方穿着暴露的衣服，低声说甜言蜜语。他们只是想知道自己的偶像在幕后或者没被相机拍到时的样子。

粉丝对 Universe 上的杂志拍摄和个人综艺等原创内容的满意度很高。艺人直接向粉丝发送信息的"私人服务"反响也很好。NCsoft 表示，将仔细观察社区和 SNS 等粉丝的反应，每 1～2 天反馈一次已完善事项（实际上服务每天都在改进）。就像 SM 娱乐公司和 Big Hit 娱乐公司组成平台、招聘 IT 人才一样，当聘请到对粉丝文化理解度高的人才，产品的方向性也将以用户为中心进行调整。Universe 的 AI 会随着时间的推移不断升级，再现与实际艺人相似的声音和语气，而虚拟化身的动作也会更加贴近艺人真人。虽然在初期落地的过程中出现了一些杂音，但 Universe 认为，从游戏产业扩张的角度来看，这是令人鼓舞的。

———————————

① 　CJ ENM 是一家制作多媒体内容和提供平台服务以引领文化趋势的综合企业。

Big Hit 不是娱乐公司

Big Hit 转型为 IT 企业

2020 年 10 月，Big Hit 娱乐公司上市。上市前，证券界预测其企业价值为 4 万亿至 5 万亿韩元，比韩国国内知名娱乐公司的市值总额高出 3～4 倍。因为他们旗下有偶像组合防弹少年团（BTS），所以得到了"（企业价值高）是理所当然"的反应和"只有 BTS，因此风险很大"这两种截然不同的评价。操作其上市的证券公司则是以 Big Hit 娱乐公司的业绩、BTS 的潜力、以平台为基础的电商运营等作为估值的依据。他们还表示："Big Hit 娱乐公司的竞争对手是 NAVER 和 Kakao。"娱乐公司的企业价值受到限制是因为其主打商品是偶像组合的活动，但是急剧变化的偶像市场环境和成员之间的不和、成员退出、合约到期后维持组合的可能性，以及男偶像的服兵役问题等都会带来不少风险。BTS 也无法回避这些问题，因而 Big Hit 娱乐公司从很久以前就已经为此做好了准备。

Big Hit 娱乐公司从 2013 年 BTS 出道开始就一直在构建 BTS Universe。就像复仇者联盟一样，Big Hit 娱乐公司在 2013 年赋予了 BTS 每个成员以不同的角色，并创造了故事情节，保持故事的更新。由于剧本设定和故事情节都很扎实，即使他们已经出道9年了，如果发行新专辑，连同之前发行的专辑的销售额都会一起上升。这是因为粉丝为了理解新专辑中的故事，必须先了解之前专辑中的情节。这和漫威（Marvel）的新片上映后，观众会观看先前系列的影片是一样的道理。

"Weverse"是Big Hit娱乐公司运营的粉丝平台。它既是粉丝和明星的沟通空间，也是公司销售专辑和公演门票、周边商品、纪录片和电影、网络漫画、游戏、出版物、教育等多种商品的电商平台。2021年，Big Hit娱乐公司收购了NAVER公司的"Vlive"事业部。提供艺人直播服务的"Vlive"是粉丝与明星的沟通平台。两个平台的服务加以整合后，或许会诞生一个新的全球粉丝社区平台。

最近Big Hit娱乐公司的招聘广告主要是为了寻找IT项目经理和数据工程师。Big Hit娱乐公司正在向IT企业进化。这个过程让人想起了苹果。苹果通过产品和服务吸引了粉丝，并随之产生了粉丝的营收效益，之后建立了专属于自己的生态系统。Big Hit娱乐公司拥有强大的平台，正处于努力构建生态系统的阶段。上市前，证券公司在讨论Big Hit娱乐公司的企业价值时说"其竞争对手是NAVER和Kakao"，我可以理解这句话。谁知道，泰勒·斯威夫特（Taylor Swift）是否会在"Weverse"上运营自己的粉丝社区平台呢？

青少年线上游乐场 Zepeto & Roblox

Big Hit娱乐公司、YG娱乐公司、JYP娱乐公司投资了"Zepeto"。Zepeto是NAVER开发的增强现实化身应用。利用面部识别和AR、3D等技术，使用户可以制作3D头像，享受虚拟现实的生活——不再像以前那样通过选择脸型、眼睛、鼻子和嘴唇的形状来完成化身，而是用手机前置摄像头拍摄自己的脸，之后 AI 就会用机器学习技术为用户创造一个和自己的脸相似的面部框架。用户可以在"Zepeto Studio"中设计和销售衣服或鞋子等单品，在 Zepeto 内利用多种工具制作二次元内容。

娱乐公司对"Zepeto world"很感兴趣。BLACKPINK 在"Zepeto World"发表了新歌 Ice Cream，并举行了粉丝签名会。签名会聚集了近 5 000 万名粉丝的化身，他们向 BLACKPINK 索要签名或拍摄纪念照。Zepeto world 用 3D 地图搭建了 Ice Cream 的 MV 舞台。粉丝们的虚拟化身会在那里以"朝圣"的心情拍摄"认证照"。回想起 2000 年代初期布置和访问 Cyworld（迷你小窝）的感受，大家就很容易理解了。

© zepeto. com

图 4-10　2020 年，BLACKPINK 在 Zepeto World 和赛琳娜·戈麦斯（Selena Gomez）一起演唱 Ice Cream 并举行了粉丝签名会

　　Zepeto 的 3D 虚拟化身服务，原本是手机应用 "SNOW" 的功能之一。在照片或视频中的人脸上贴上兔子耳朵或猫胡须的装扮功能受到了欢迎。之后 "SNOW" 将这一功能作为单独的 App 推出，它就是 Zepeto。一直无法摆脱玩偶游戏水平的 Zepeto，随着社交媒体功能的增加，用户也开始急剧增加。目前，全球有 2 亿人在 Zepeto 上享受属于他们的世界，青少年用户在所有用户中的占比高达 80%。

© roblocx. com

图 4-11　通过 Roblox Studio 用户可以自己制作游戏并分享

如果说韩国十多岁青少年的线上游乐场是 Zepeto，那么美国十多岁青少年的线上游乐场就是 *Roblox*。*Roblox* 是用户自己制作并分享游戏的平台。利用 Roblox Studio 这个工具，玩家可以像堆乐高积木一样，打造属于自己的游戏世界，制作射击、战略、沟通等多种主题的游戏。玩家可以将制作好的游戏共享在这个被称为 *Roblox* 的游戏世界中，玩家们可以随意进出，尝试各种游戏。*Roblox* 结合了社交媒体的功能。玩家在彼此的世界里一起玩耍，通过设置好友、聊天等方式在游戏里积累友谊。单看画面，感觉就像 20 世纪 80 年代制作的游戏。说好听点是像素艺术，但仔细观察会发现画面的边框粗糙不齐，色彩组合也很糟糕。然而超过 1.2 亿人喜欢这种看起来粗糙的游戏。该平台上该类游戏的主要玩家是未满 16 岁的孩子。这意味着一半左右的美国青少年喜欢这个游戏，其使用该平台的时间也是 YouTube 的 2.5 倍。

就像 Zepeto 和 *Roblox* 一样，现在的青少年生活在一个与老一辈有些不同的世界里，在多个虚拟空间中生活、穿梭。这类虚拟空间被称为元宇宙，元宇宙的核心特征是玩家围绕着游戏的剧情、通过互动来进行活动。

公开 BTS MV 的《堡垒之夜》

《堡垒之夜》是一款战地游戏，我们需要仔细观察一下上面到底发生了什么事情。《堡垒之夜》和韩国流行的游戏《绝地求生》基本一样，是一款多人一起进行战争，决出最终胜利者的游戏。玩家在游戏中不仅可以进行枪战，他们还可以购买带有耐克或漫威卡通形象的道具等。除此之外，1 230 万人能同时聚集在一起欣赏特拉维斯·斯科特（Travis Scott）的演唱会，并可以一起观看 BTS 新发布的 MV。

　　《堡垒之夜》的制作公司 Epic Games 的首席执行官 Tim Sweeney 表示，要将《堡垒之夜》打造成游戏之外的东西。"现在《堡垒之夜》是一款游戏，但不知道以后会变成什么。"他们将现实世界的各种商业生态带到《堡垒之夜》之中，同时，他们还将《堡垒之夜》的知识产权带到现实世界中并使其与其他商业接轨。

© epicgames. com

图 4 – 12　特拉维斯·斯科特的演出以及公开"防弹少年团"MV 的《堡垒之夜》

　　Big Hit 娱乐公司的 Weverse 中发生了什么事情呢？Weverse 有 14 组艺人入驻。Weverse 的核心功能就像社交媒体 Twitter 等一样，Feed① 上

―――――――――

①　Feed 是艺人与全球粉丝进行交流的空间，在此板块上用户可以以文字和照片的形式上传相关内容，其形式类似于微博的"超级话题社区"。

会有艺人和粉丝的短帖。与 Twitter 不同的是，Weverse 上的艺人会更加频繁地在粉丝们的帖子上进行留言沟通。Weverse 既可以销售艺人的专辑、周边商品、演唱会门票，也经常被用作演出平台。粉丝如果购买了线上演唱会的实时转播权后，他可以在 Weverse App 上远程调试蓝牙连接的应援棒，即使是一个人在家用手机看演出，也会有置身于演出现场的感觉。如果 3D 摄像头、虚拟连接器等设备的效果出众，粉丝也能享受到在演出现场的第一排欣赏演唱会的感觉。

就像《堡垒之夜》一样，Weverse 也不知道未来会走向哪里。Weverse 以平台定位为基础，让用户不仅可以像玩基于世界观的游戏一样改变用户的体验，还可以拥抱社交媒体来扩大粉丝社区。也许有一天，Big Hit 娱乐公司将不再被定位为娱乐公司。

抢占未来的 VR 竞争先机

让我成为主角的游戏

在学生时代，我对未来有很多憧憬和幻想，其中一个就是想成为考古学家。当时大人们对我说，那是一个既清贫又危险的职业，我因此向现实妥协了。在看电影《夺宝奇兵3》时，我得到了间接的满足感。当时我反复看了好几次，跟随影片中的主人公，感受着冒险和刺激。但也有某些瞬间，我无法认同主角的选择。每当这时，我就会想象自己进入画面，成为主角。让这种想象能够得以实现的媒介就是游戏。游戏可以让我成为主角并在具体场景中进行选择，在不同的情境中进行属于自己的冒险。当然，到目前为止，游戏在视觉上的真实感还远不如电影。3D 技术即 VR，成为改善这种情况的最佳工具。VR 设备也是最近一两年里飞速发展的 IT 设备。

Facebook 的新挑战

2018 年，三星电子停止了对 VR 设备的更新。虽然没有正式发布公告，但很多人认为三星电子已经放弃了 VR 设备业务。在此期间，

Facebook 收购了 VR 头戴设备公司 Oculus。业界对此表示惊讶。Facebook 并不是一家电子设备制造公司，那么为什么要执着于三星电子已经放弃的 VR 设备业务呢？2020 年下半年，Oculus Quest 2 上线。正如用户所评论的"设备佩戴感不怎么样，但画质极强"，Oculus Quest 2 是目前形态最先进的一体式 VR 头戴设备。上市仅一个月就售出了约 100 万套。这与 2007 年 iPhone 首次上市时的销量走势相似。直到这时大家似乎才看到了 Facebook 想要走的路。

iPhone 刚上市时的市场反应还令人记忆犹新，"谁会买这么贵的手机呀？"但 iPhone 改变了市场格局。Facebook 收购 Oculus 是为了像苹果一样用创新产品抢占未来。就像从普通手机过渡到智能手机一样，手持使用的智能手机时代即将落幕，像眼镜一样戴在脸上，双手能够在自由状态下使用的智能设备时代即将开启。之后，发现这一情况的三星电子最近也在注册与 VR 相关的智能设备并申请专利。这意味着 2018 年停止更新、看似已经放弃 VR 设备业务的三星电子将重新进入该市场。

VR 设备能否取代智能手机

Oculus Quest 2 的价格在 40 万韩元左右，性价比较高。如果把它看成是享受游戏的辅助手段，会觉得价格很昂贵，但如果把它看成是为了让人身临其境地体验舞蹈、瑜伽、保龄球、高尔夫等趣味生活的辅助手段，则会觉得价格还是可以负担得起的。Oculus Quest 2 支持 AR，即增强现实功能，就像玩《精灵宝可梦 GO》一样，它让人们在现实世界中可以看到立体图像，但可惜的是相机的分辨率很低，因此现实世界的立体图像看起来是灰蒙蒙的黑白色。从 Oculus Quest 2 的用户评论来看，除了 AR 之外，他们对画质的满意度还是很高的。

像 Oculus Quest 2 这样的 VR 设备能否取代智能手机？从 Oculus Quest 2 的运营模式中可以看出 Facebook 的运营方向。就像用户进入 iPhone 应用商店下载应用并使用一样，如果想要使用 Oculus Quest 2，用户就必须进入 Facebook 运营的应用市场下载专属应用。由此来看，Facebook 似乎想占据该领域的应用市场。

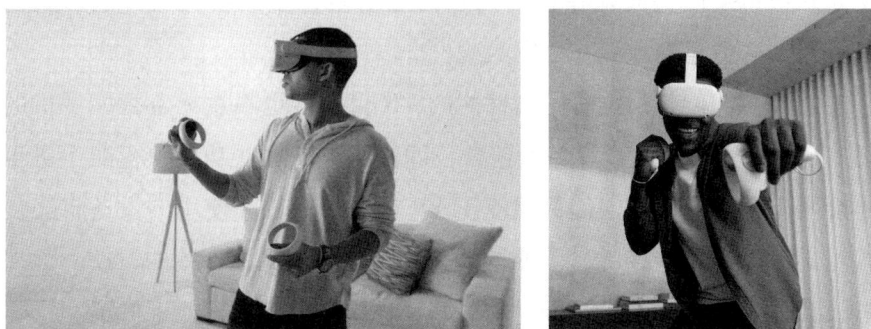

© Oculus. com

图 4－13　目前最具进化形态的一体式 VR 耳机——Oculus Quest 2

根据苹果公司方面公布的数据，2019 年苹果应用商店产生的经济规模已超过 574 万亿韩元，且其营收每年都在增长。Facebook 高度评价应用市场的成长性，并正在努力构建软件生态系统。苹果与 Facebook 的矛盾也与这种变化不无关系。苹果更新 iOS 14，增加了个人信息追踪屏蔽功能。以个人信息为基础提供定制广告的 Facebook 将会因此受到打击。

如果苹果生态系统加上 VR 设备

2022 年，苹果宣布计划推出售价超过 3 000 美元的 VR 设备。该设备以支持 8K 分辨率为目标，安装 10 个以上高性能传感器和摄像头，完

美实现 MR（mixed reality），即混合现实。目前大多数 VR 设备都只支持 4K 的分辨率，如果支持 8K，那么人类由于神经细胞的局限，将很难区分现实和图像。如果 VR 设备在此基础上完美呈现 MR，对于喜欢游戏的人来说，VR 设备将是必备道具。假设你买了一款格斗游戏，敌人出现在你的房间里，你必须用全身力量和敌军作战，死守住你的空间。不是在虚拟空间，而是在自己熟悉的空间里直接击溃敌人，这样的乐趣，什么样的运动才能与之匹敌呢？

当然，即使苹果推出了高性能的 VR 设备，也不意味着智能手机的所有功能都可以被 VR 设备所包含，即使涵盖了这些功能，智能手机也不会马上消失。但当人们习惯使用 VR 设备后，以往使用的设备将会慢慢退出。人们曾经经历过单独携带手机、数码相机、MP3 的时期。但那些设备的所有功能都被智能手机涵盖了，现在只剩下智能手机了。

我想 VR 设备也会迎来这个时刻。虽然现在的形态有些粗糙，可能人无法想象，但我相信当 VR 设备小型化后，就会像眼镜和护目镜一样方便，乃至像隐形眼镜一样轻松佩戴，这一时刻也即将到来。我期待着在安全和熟悉的环境中享受冒险之旅的那一天。

在游戏中成长的人类

游戏是人类成长的一种手段

游戏是一种绝大部分人都喜欢的安全的休闲娱乐方式。尽管如此，还是有很多人认为喜欢玩游戏的人是懒惰和懒散的。前文提到的《最终幻想》《天堂》《魔兽世界》等游戏，充分展示了生活在比现实更残酷的世界中的人类是如何成长的。

我在进行演讲和教育的过程中，通过游戏看到了人和组织的变化。很多人起初一提到游戏就会想到血腥、武器、竞争、对抗等刺激性和暴力性元素强的电子游戏。但游戏的类型非常多，除了暴力对抗的游戏还有可以思考人生价值观的纸牌游戏、为提出创意想法而进行争论的游戏、以组织领导人为对象解锁其想法的领导力游戏、间接地了解国家间发展不均衡的原因和欠发达国家存在的困难的游戏。游戏是沉浸在特定主题中的最佳工具。无论是学生还是公司职员，游戏使他们都能以新的方式投入自己认为需要的东西中，因而对于提高他们的学习效果起到了催化作用。

现在的孩子真的很自私吗？

我在学校时，从我的 250 名学生那里学到了很多东西。常听人说"现在的年轻人很自私"。真的如此吗？我讲的游戏工程课实行积分制度。学生可以通过攒积分兑换各种福利。在距离期末考试还有两周的时候，学生拥有的平均积分在 15 分左右。我做了横 8 格竖 8 格共 64 格的提示板。其中在 60 个格子内写下不同的考试提示，4 个格子的内容为空。给学生用 10 个积分可以打开一个提示格的机会。这门课共有 250 名学生，也就是说一个学生都有 1～2 个可以打开提示的机会。就像玩游戏一样给学生机会，他们可以选择自己打开提示，也可以和好朋友一起分享。然而我错了。提示板公布后的 10 分钟左右，学生们分别确认了几个提示点，接着有人开始建立了开放聊天群来收集积分。这就是所谓的"提示攻城战"。64 个提示点若要全部打开，则需要 640 个积分，数 10 名学生把自己的积分收集到一个人身上。结果他们在 20 分钟内打开了所有的提示。无论是不是加入聊天群的学生，他们将已解锁的提示分享给了所有同学。结果学生们创造了 73 分的平均成绩，远超过我和助教预想的 58 分。

我问学生："自己默默看提示参加考试就好了，为什么要和别人一起分享积分和信息呢？"学生给出的答案是："在测评中没有和同学竞争的必要""我是想帮忙的"。我想，"只有战胜别人才能得到认可"的"相对评价①"的社会是不是正在把青年们变得自私。我们不是站在某人之上才会感到幸福，而是在帮助他人的时候才能够真正感受到幸福。

———————————

① 相对评价是指在某一团体中确定一个基准，将团体中的个体与基准进行比较，从而评出其在团体中的相对位置。

我认为，我们的社会现在还存有利他本性，在这一本性消失之前，应该尽早改变我们的教育。

如果人生是一场游戏

在享受游戏的时候，我们会喜欢什么样的任务呢？会选择虽然很难，但能激发好奇心的任务，还是选择虽然简单，却乏味的任务。在游戏开始的初期，你会完成一些简单的任务来积累经验值，但当游戏进入中期时，你会想挑战一些困难的任务。如果经过多次挑战获得了成功，满足感也会增加。我们之所以喜欢玩游戏，是因为想体验其中存在的各种虽然很难但会激发好奇心的任务。而虽然简单但却乏味的任务只是通往某个地方的垫脚石。

从学校毕业之后，职业道路就开启了。在想做的事和必须做的事中，我们选择哪条路呢？想做的事情很难，但能激发好奇心；要做的事情虽然容易，却枯燥。如果你现在工作的职级太低，那么你就必须做一些看起来容易却枯燥的任务和相关的工作。这是因为我们要积累经验值。但是你不能永远停留在同一个位置。你需要进入下一个任务来感受游戏的真正乐趣。

我们要走的路很艰难，但还是要选择能够激发好奇心的任务，选择自己想做的事情。即使被眼下要做的事情束缚住手脚，也希望孩子们不要忘记那些虽然很难但却能激发好奇心的任务。希望他们能把想要挑战的任务深藏在心里，想着完成任务的那一天，为此努力积累经验值，打造属于自己的武器。在人生这个游戏中，我们每个人都是和最终 boss 战斗的主角。我为大家能够顺利通过摆在我们面前的英雄之路加油。

附录

要想玩得转，满足 Z 世代的好奇心至关重要！

很久以前，探险是人们必须亲自经历的事情。人们在打猎和捕鱼的过程中会暴露在危险之下，因此而死亡的情况很多。人类本能地找到了安全的媒介，即通过口传心授的故事、绘画和小说等来获取维持生存的间接经验。19 世纪末，电影终于登场了。卢米埃尔兄弟（Les frères Lumière）是世界上首次制作并放映电影的人。他们制作的是一部 50 秒的无声电影，只是展现了列车驶来的情景，并没有特别的叙事。但当时观看电影的观众却被吓得惊魂未定。对于他们来说这是一次神奇的经历，他们害怕列车会从画面中冲出来。随着技术的发展，宗教竟然是运用电影手法的大拿。与通过说教或通过文字阅读进行想象不同，将地狱形象化的影像本身就是一种恐怖。如果说亲身经历是短时间的经验，那么小说就是延长这种经验的媒介，而电影则是以最佳的手法将想象具象化。

随着技术的发展，人们获取间接经验的范围扩大了，故事充斥的想象力也越来越丰富了，但并没有像亲身经历那样给身体留下强烈的记忆。因为在完成的故事——书和电影中，没有我们自己可以介入改变的部分。而游戏则可以将交互性应用于这些视频媒体——玩家通过进入既定的背景和故事中，可以主导情况的改变。

Z 世代是指 20 世纪 90 年代中期到 21 世纪初期出生的一代。因为从小在数码环境中长大，所以被称为"数码原住民"（digital native）。他们熟悉互联网和 IT 设备，对智能手机的熟悉程度远高于对电视和电脑的熟悉程度。沟通、个性、多样性、包容性被认为是 Z 世代的特征。Z 世代重视与他人的沟通，喜欢表达自我风格，有个性地表现自己。然而他们却只能穿着校服反复往返于学校—补习班—家三点之间，能沟通的朋友和能表达的个性都很有限。因此，他们用来沟通的工具主要是智能手机，他们会在 Zepeto 或游戏等虚拟空间中装扮化身或在 SNS 上上传照片或视频来表现自己的个性。有些人对那些一刻也不放下智能手机的人的行为，贬称"手机中毒"。相比之下，我认为这种行为更应该理解为：因为有了移动设备，所以人的部分欲望通过这种方式得到了释放。

随着智能手机成为内容消费的主要媒介，收视率 50% 的电视剧、国民歌手、流行语等超级热门的概念消失，内容多样性的内涵变得更加丰富。Z 世代不太喜欢传统媒体的表达。涵盖所有年龄段的电视剧早已消失，生产成本低、可传达多样信息的内容正在发展。也正因为如此，YouTube 和 Twitch、Afreeca TV 等平台作为有限的电视频道的替代品大受欢迎。过去的商业形态是大量印刷漫画书进行销售，但现在的商业形态是用户独自制作网络漫画并上传，只要确保满足少数读者需求就能获得收益。音乐也是如此。在用巨大的扬声器听音乐的时代，能够展现出歌手充满力量的唱功的歌曲很受欢迎，但是到了用耳机听各自喜欢的音乐的时代，像是在低声细语的轻柔歌曲占领了音源网站。因此，Z 世代是向往内容的多样性，同时尊重不同文化、包容性很强的一代。

在界定 Z 世代的倾向时，智能手机不能缺席。不知道 Z 世代的倾向是在使用智能手机后发生了变化，还是他们本身善于沟通、有个性、包容性及多样性的特点未能充分展现，直至在智能手机普及后才开始爆发。唯一可以确定的是，Z 世代将在 5～10 年内进入社会，成为市场的主要玩家。他们在使用智能手机的同时，热衷于参加流行活动或挑战赛。即使这些活动再有趣，他们也会在享受完之后毫不留恋地"下车"，换下一个游戏继续享受。因此，只有理解这一群体的倾向，企业的寿命才会延长。

结　语

我是研究游戏的大学教授

一提到教授，很多人的第一印象就是一个死板的老学究，若再说到研究的领域是游戏时，人们的印象就又成了一个不干正事的老学究。教授同事们问我："孩子们的游戏值得研究吗？"如果我提出要在企业培训中运用游戏，企业的负责人会面露难色。如果说游戏将成为未来的标准文化，家长就会问："那么我应该送孩子去哪个培训班？"将游戏视为游戏的似乎只有游戏人。

学生时代的我喜欢去游戏厅，但不是一直坐着玩游戏。因为零用钱不充裕，所以经常去游戏厅看别人玩游戏，以至于看别人玩的时间比自己坐在游戏机前面玩的时间还要长。但对我来说也挺好的。自己在后面抱着胳膊看别人玩的时候心里念叨的也是游戏，"明明能看见的路为什么找不到！""刚才也是往右边走，死了嘛！"打游戏的视野其实很有限，但我退一步看，反而更加清晰。游戏和我之间就有那么一点距离，因此我走上的不是玩游戏的道路，而是游戏"研究者"之路。就像学生时代在游戏厅观看玩游戏的朋友一样，现在我可以近距离客观地观察游戏了。

经常有人问："你是怎么开始研究游戏的？"这应该是因为他们在"游戏"和"研究"环节中感觉不到"价值"而提出的问题。上大学

时，因沉迷于玩《模拟城市》，我将成为一名城市工程师或建筑师的理想改成了"游戏"。我在大学主修机器人技术，本以为一入学就能立马成为"跆拳道 V①"，现实却与制造机器人相去甚远。当时的大学还不是一个本科生可以制造机器人的环境。幸运的是，在课堂上我学习了编程语言，可以简单地设计游戏。虽然只有两门与编程相关的课程，但我非常积极，甚至购买了原版书自学。当时我每天放学就去打工，剩下的时间全部在书店里度过。因为相关书籍不多，而且原版书价格不菲，所以我每天会在书店看四五个小时的书。靠打工挣的钱一个月只能买到两本左右自己真正喜欢的书。当时，我还曾在程序员常看的杂志《程序的世界》上发表过一年的专栏文章。与此同时，比起玩游戏，我想制作一款属于自己的游戏的欲望越来越强烈。

我在大三寒假时找到了工作。当时的雇主是一家制作啤酒瓶标签特殊印花的公司，该公司为了未来的小吃产品新设了游戏事业部，我以学生身份被选拔进去。那个时候，我的爱好就是利用在书店里"讨书"掌握到的技术制作游戏，并分享给同学们。我的运气很好。当时我就职公司的老板侄子看中了其中的一款游戏，正是这个缘分给了我开始新工作的机会。我的商业游戏处女作《光之战士》就是这样诞生的。因为当时是使用拨号上网的时代，所以如果要显示字节数较大的炫酷图像是十分昂贵的，因此这款游戏只是蓝色画面上有白字的泥浆游戏（MUD game）②。《光之战士》为玩家服务了一年左右。与开发游戏的公司相比，提供游戏服务的运营商几乎拿走了所有利润，因此即使在获得了相

---

① 韩国金清基导演的系列动画片《机器人跆拳 V》中的机器人主角。

② 泥浆游戏，即多用户虚拟空间（Multiple User Domain）游戏，是文字网游的统称，也是最早的网络游戏，该类游戏没有图形，全部用文字和字符画来构成，内容通常是武侠题材，如著名的风云、书剑、英雄坛等。

当数量的用户的情况下，公司也没能盈利，游戏事业部也因此解散了。

在这期间，我考上了研究生，攻读的专业是产业工程学。这是为了学习管理而做出的选择。虽然我没有表现出来，但游戏事业部的解散，让我感到非常可惜。更难过的是，团队解散的原因不在于游戏本身，而在于利润分配。或许是出于这个原因，当时的我愚蠢地下定决心："只做自己喜欢的事情是奢侈的，还是做能赚钱的事情吧。"之后我创办了一家小型IT安全公司。这是一家稳定的公司，虽然现在已经关闭了，但这家公司曾一度在科斯达克（KOSDAQ）① 上市。公司关闭的原因还是出在我自己身上。可能这是为了钱而开始的事业，因此我做得一点都不开心。安全软件与游戏软件的工作原理相反。企业购买并安装软件后，软件可以在进入企业的网络入口进行监测，抵御外部入侵者以守护公司的信息。在此过程中，我们可以审查员工个人登录的网站或使用的程序。我还曾听到过一些朋友的抱怨："因为你，我们上班族的日子都不好过了。"虽然这是朋友们半开玩笑半认真说的话，但对我来说是一种伤害。我并不是埋怨朋友，而是第一次意识到"原来我一直在做这种事啊"。我亲手开发了一个对某人造成伤害和难过的程序，这让我很难过。这并不是说安全软件不好，只是觉得自己创造了一个有些不像自己的产品，不是我梦想的东西。这件事成了我将博士专业改为认知科学专业的契机。我认为在了解产业之前更重要的是了解人类。

既然本科学习了机器人技术，硕士和博士时学习了产业工程学与认知科学，那么为什么要研究游戏呢？我认为游戏应该由具备多种知识的

① KOSDAQ，全称为韩国证券交易商协会自动报价系统，是韩国的创业板市场，隶属于韩国交易所。科斯达克成立于1996年7月，是与纳斯达克一样的股票电子交易市场。

人来研究。如果我要写小说，不懂技术也没关系。因为在写中世纪背景的幻想小说时，本科时学到的与机器人技术相关的知识几乎用不到。虽然有帮助，但这并不是必要的内容。而说到开发一款中世纪背景的奇幻游戏，就算我不亲自编程，起码我也得有基础的技术背景知识。游戏是现代最具高度化知识和技术的媒介。即使是被称为综合艺术的电影，在完成之后，也几乎没有观众可以介入的部分。最多只能分享感想或形成粉丝团，为制作导演版而齐心协心①。而游戏在上市后，在与玩家活跃互动的同时，无论是结构还是设定都在不断变化。即使设计得很完美，测试得很彻底，还是会有很多玩家在玩游戏的过程中发现问题，他们能发现一些游戏制作人员没来得及找到的错误。游戏是考虑了可能发生的数百万种情况的设计结晶。这也是为什么需要拥有丰富知识的人们从不同的角度来研究游戏，以及希望在更多游戏的制作过程中有各领域的专家一起参与。谁有责任和力量来去除附加在游戏上的原罪呢？生产大量商业性游戏的企业、希望子女只学习不休息的家长、将游戏与赌博相提并论的政府……我们每个人都有责任。人类创造了游戏，游戏也在改变着人类。创造什么样的游戏，成为什么样的人类，取决于我们自己。

---

① 导演版：区别于电影院上映的剧场版电影，是电影节出品电影的 DVD、蓝光等按照导演的意图重新编辑的版本。也被称为 "Director's cut"。

译者后记

书稿翻译整理至此，可以说要告一段落了。能够有幸知道并翻译此书真可以说是机缘巧合。在接触这本书之前，我对于游戏的看法一直受到传统观念的深刻影响，认为会玩物丧志，要敬而远之。但随着自己研究方向的逐步调整，对媒介研究的不断深入，加之这几年因新冠疫情导致的线上应用的快速发展，元宇宙、游戏这类词汇越来越频繁地出现在我的视野之中。

在学习和认识元宇宙产业及其所涉及的各类技术和媒介应用的过程中，我对于元宇宙的内核及平台建设也有了更全面的了解和体会。通过对当下元宇宙产业案例的分析我们可以看出，元宇宙的核心内容和平台借用了游戏的概念与技术。

提及游戏，可能很多人的第一反应是要远离，游戏给人带来的负面影响远大于正面影响。尤其不少父母更是视游戏为"洪水猛兽"，生怕孩子会因游戏而影响学业及个人的发展。但从游戏产业来看，整个产业极大带动了技术及虚拟生态的发展，对于广告行业、文化产业等相关领域的带动作用不容小觑。据市场研究机构 Newzoo 发布的《2022 年全球游戏市场报告》来看，玩家数量将从 2020 年的 29 亿增至 2025 年的 35亿，五年间的复合增长率为 4.2%。游戏市场规模也将从 2020 年的1 791 亿美元增长至 2025 年的 2 257 亿美元，五年间的复合增长率为

4.7%。如此大规模的行业产值及其所提供的就业岗位对于整个社会技术的发展、环境及生态的塑造也有着不可忽视的作用。尤其是最近三年，新冠疫情极大影响了人们传统的线下生活习惯，工作、生活、娱乐以前所未有的速度向线上转移。各类线上应用，手机、电脑游戏的下载量急剧上升，元宇宙概念的再提出以及各大公司争先在元宇宙生态建设、NFT、虚拟现实、增强现实、数字虚拟人等领域进行激烈的竞争。在这些眼花缭乱的技术发展和竞争中，游戏的元素和逻辑内核始终存在，并借助各种新颖的形式出现在人们的生活中。游戏不是天然的元宇宙应用，但元宇宙应用是天然的游戏！

回归游戏本身，优秀的游戏不仅可以益智，还可以使人在娱乐的过程中放松心情，锻炼并加强团队协作、统筹布局等能力。虽然自己之前囿于传统观念，敬游戏远之，但在近些年自己和家人、朋友也经常会尝试各种类型的游戏。深入了解过后才发现，原来游戏并不只是"玩"，在玩游戏的过程中，我们与游戏伙伴需要团结协作或者彼此竞争，根据游戏形式的不同，我们会进行线上或者线下的交流。这些交流成为年轻人社交的重要组成，大家在游戏中收获快乐、收获友谊。每次在给新生上课时，我都会做一个小小的调查"玩游戏（手机、电脑、桌游）的同学请举手"。几年下来我发现玩游戏的大学生越来越多，前些年女生玩游戏的情况还算稀缺，现在已经变得很普遍了。如果再追问几个问题，如："为什么会玩游戏？""一般什么时候会玩游戏？"我们会发现玩游戏是当下年轻人非常重要的一种生活方式，然而除了极个别会因沉迷游戏而影响正常生活，对绝大多数人来说，打游戏和我们过去通过看电视、听音乐、看书来放松并无太大的差异。因此，我们也就不难理解为什么现在很多公司开始借助游戏的逻辑进行文化和营销传播。这是当前及未来的时代所需！因此，我们每个人需要重新审视游戏，抛去传统的成见，从科学、理性、放松的角度来看待它。

金相均教授是韩国元宇宙领域的权威专家，在认知科学、教育工程学、机器人和产业工程学等领域有不少研究成果，对于游戏及其对人类认知等方面的影响进行了深入的研究。金教授为大家揭示了时代发展的真相：游戏是时代的流行文化，未来的机会在游戏里，并预测成为新媒介的游戏将会创造游戏化的未来。在本书中金教授用通俗易懂的语言将游戏理论、游戏产业以及企业管理等内容进行了系统的梳理。他指出"现在已经到了擅长玩游戏也是一种实力的时代，玩电子游戏的人比不玩电子游戏的人更能适应新环境"。在玩游戏的过程中，我们能够更快地熟悉机器的操作、能够更好地与人工智能开展合作、还能够更快地应对新出现的问题和变化。这些能力对我们当下及不久的将来都有着至关重要的意义。

本书在翻译出版过程中得到了学校、出版社、业界朋友以及家人的大力支持。感谢作者金相均教授的信任和支持，使我有机会来翻译此书并将其分享给我的同胞。感谢中韩两国出版社的老师们对于本书在出版方面提供的帮助。感谢我的师弟玉俊熙（옥준석），在他的帮助下，我得以及时、顺畅地与韩方人员进行联系和沟通。最后，尤其要感谢我的完美搭档和伙伴王本杰明，在此书的翻译和校对过程中他给予了我很多专业的建议，从而使本书能够更加完美地呈现在大家面前。

在元宇宙时代逐步到来之际，希望这本书能带给大家新的启迪，从全新的角度来审视游戏，以更加全面的眼光来看待游戏。也希望这本书能帮助大家了解当下年轻人的新特点、环境的新变化，从而为自身、为企业的发展以及家长、教师开展教育提供些许新的思路。同时祝愿中国企业能乘势而上，抢占技术和产业的领先地位。

邢倩倩

2023 年 5 月